LA PUERTA DEL MISTERIO

Colección dirigida
y prologada por
Fernando Jiménez del Oso

nowtilus
frontera

JOSÉ GREGORIO GONZÁLEZ

Enigmas del Cristianismo

La Sábana Santa, estigmatizados, apariciones marianas y objetos sagrados

Serie: **Nowtilus Frontera**
Colección: **La puerta del misterio**
www.nowtilus.com
www.lapuertadelmisterio.com

Título de la obra: **Enigmas del Cristianismo**
Autor: **José Gregorio González**

Editor: **Santos Rodríguez**
Director de la colección: **Fernando Jiménez del Oso**
Coordinación: **Lorenzo Fernández Bueno**
Responsable editorial: **Gilberto Sánchez**

Diseño y realización de cubiertas: **Rodil & Herraiz**
Diseño de interiores: **Rodil & Herraiz** www.rodilherraiz.com
Maquetación: **Juan José Cañas**
Producción: **C.D. Form, S.L.**

Editado por **Ediciones Nowtilus S.L.**
www.nowtilus.com

Doña Juana I de Castilla 44, 3º-C, 28027 Madrid

ISBN: **0-965-68875-5**
EAN: **978 849763015-3**
Fecha: **Marzo 2003**

Printed in U.S.A

ÍNDICE

PRÓLOGO

Las religiones tienen raíces hondas, tanto en lo que se refiere a su contenido espiritual y trascendente, en el que se implica nuestro inconsciente individual y colectivo, como en lo histórico. Nacidas al socaire de las circunstancias políticas y sociales, que son, no nos engañemos, las que determinan la pervivencia de unas y la desaparición de otras, necesitan acreditarse en lo previo, extenderse hacia el pasado para estar en origen mismo de lo creado. La religión puede ser nueva, pero no el dios que la inspira, que, como tal, aunque formalmente acabe de nacer o esté recién inventado, ha de ser el principio de todo. En la religión judeo-cristiana, Yhavé constituye un ejemplo palmario. Surgido con un carácter local, vinculado a un pueblo y en convivencia más o menos pacífica con otros dioses igualmente provincianos –aún adorando a su dios, el pueblo judío no empezó a ser monoteísta hasta bien entrado el siglo VI a.C–, llegado el momento se hizo necesario ascenderle a la categoría de dios universal y sacarse de la manga, por así decirlo, un pedigrí que lo acreditase como tal.

La Tanakh, que es el auténtico nombre como el cristianismo llama Antiguo Testamento para dar a los Evangelios el carácter de Nuevo y a continuación de aquél, está constituida por la *Torá* (Pentateuco), *Nebh´im* (Profetas) y *Ketubh´im* (Escritos). No fue fácil decidir cuales de todos los textos precedentes, que eran muchos, debían considerarse "inspirados" para conformar con ellos la *Biblia* definitiva; baste decir que establecer el canon, es decir, llegar a la selección definitiva, llevó cuatrocientos años, desde el siglo II a.C. hasta el siglo II d.C. En un conjunto tan heterogéneo, procedente de las más diversas fuentes, es difícil, si no imposible, determinar cuanto hay de estrictamente judío y cuanto de prestado por otras tradiciones de Oriente Próximo. La figura misma de Moisés, fundamento de la Torá y del propio Israel, está tan vinculada al Antiguo Egipto, que el propio Freud, anticipándose a muchos autores actuales, ya sugirió la posibilidad de que fuese un sacerdote del culto a Atón que se sirvió de la minoría judía para, fuera del país del Nilo, continuar y consolidar el monoteísmo fallido de Amenofis IV. Todo es posible, hasta la paradoja de que el judaísmo prohiba representar en imagen a su dios, ni siquiera pronunciar su verdadero nombre, confiriéndole de esa manera un carácter abstracto, incuestionablemente espiritual, cuando es posiblemente el dios que más acto de presencia ha hecho entre su pueblo y más directamente ha intervenido en los acontecimientos humanos, incluidos los meramente políticos y militares.

Aunque se considere un texto unitario, en el que convergen diferentes libros animados todos por una misma intención y referidos a un mismo dios, a una misma historia y a unas mismas creencias, la *Biblia* está hecha de retales inconexos, a los que se les ha dado forma conveniente para que ajusten unos con otros antes de coserlos. A veces no es difícil deshacer las puntadas e identificar el verdadero origen de la tela en cuestión, arrancada con descaro del manto de otro dios para cubrir de omnipotencia al, por entonces, recién nacido Yhavé. Tampoco es para rasgarse las vestiduras –perdón por abusar de este modo del símil textil–, al fin y al cabo estamos hablando de una religión como otra cualquiera, construida sobre cimientos en los que hay un gramo de verdad por cada tonelada de patrañas.

Entre el material sustraído a otras culturas vecinas destaca, por lo evidente, el relato del Diluvio Universal y el arca de Noé. Que está plagiado de la epopeya sumeria de Gilgamés –algo así como un *best seller* de la época, porque se han encontrado tablillas con el relato en los lugares más diversos de Mesopotamia: Uruk, Assur, Nínive, Sippar, Tell Harmal, Sultantepe, Meguido...– es de todos conocido; lo que nadie sabe, es que ese pasaje del *Génesis* me produjo terribles pesadillas durante la infancia y más de un quebradero de cabeza cuando ya era adolescente. Los realistas grabados de Gustavo Doré, que suelen incluirse en las ediciones de la *Biblia*, no podían ser más explícitos al mostrar el horror de aquella hecatombe: niños aterrorizados, compartiendo el inútil refugio de una roca emergente con un tigre que sujeta entre las fauces a su cachorro, mientras, asidos desesperadamente a ese efímero islote, sus padres están ya a punto de ahogarse, y en otra estampa, el arca-zoo posado tranquilamente en un monte, en tanto que las aguas descendidas dejan al descubierto incontables cadáveres... ¿Qué clase de monstruo sanguinario era ese dios? "Borraré de sobre la haz del suelo al hombre que creé, desde los hombres a las bestias, los reptiles y las aves del cielo inclusive, pues estoy arrepentido de haberlos hecho", dice el muy animal en el capítulo 6 del *Génesis* y se queda tan ancho. Con un dios así nadie puede estar tranquilo; que, en definitiva, es de lo que se trataba –y se trata– para que el personal corra hacia el redil por si caen más chuzos de punta. Hasta los implacables dioses de la epopeya sumeria, responsables del diluvio original, se mostraron más humanos que el plagiario Yhavé al darse cuenta de la catástrofe por ellos desatada:

El terrible silencio de Adad invade los cielos.
Todo resplandor se cambia en tinieblas.
Las columnas de la tierra se rompen como una jarra.
Durante todo un día (la tempestad) sopló,
Rápida sopla y provoca la inundación.

Como (la tormenta) del combate, pasa sobre los hombres
que no pueden ya percibir nada;
los cielos ya no son visibles para los hombres.
Los dioses llegaron (entonces) a espantarse de tal diluvio;
retroceden y suben al cielo de Anu.
Fuera, los dioses están acurrucados como perros, temblando.
Ishtar se pone a gritar como una mujer en parto;
Gime la Dama de los dioses de dulce voz:
–Ese día lejano ojalá pueda borrarse,
ya que, en la asamblea de los dioses, tuve ideas funestas.
¿Cómo pude en la asamblea de los dioses tener discursos funestos?
Hablé de combate para destruir a los humanos, mis criaturas,
Yo que crié a esos pueblos, que me son queridos;
¿cómo pude llenar de ellos el mar como si fueran pececillos?
Con ella lloran los dioses, los Annunaki.
(Traducción de Florence Malbran-Labat)

Las cuestiones que se derivan del pasaje bíblico y de su precedente sumerio son de la más variada índole. Dejando aparte la incongruencia de Yhavé, destruyendo lo que había creado porque no resultó de su gusto, como, si en lugar de un dios omnisciente, fuera un artesano chapucero, y la espantosa injusticia de asesinar indiscriminadamente a toda criatura viva sin que le importara un bledo su inocencia (no olvide el lector que millones de personas se toman al pie de la letra el texto bíblico), la comparación entre el relato incluido en el *Gilgamés* y el del *Génesis*, deja claro, por ejemplo, que el dios judío era mejor ingeniero que el mesopotámico Ea. Cuando este último da a Utanapistim, el Noé sumerio, las correspondientes instrucciones para construir su arca, le dice, ni más ni menos, que cada lado mida "diez dobles-cañas", es decir, que fabrique un cubo perfecto. Según se desprende del texto, el buque resultó, tal como se había previsto, insumergible –entre otras precauciones, emplearon quinientos cuarenta hectolitros de betún para calafatearlo–, pero, aunque no quedara escrito, los que iban à bordo debieron echar hasta la última papilla, porque no hay mejor diseño que ese para que una embarcación sea ingobernable y gire enloquecida al menor embate de las aguas. Yhavé, en cambio, le proporcionó a Noé unos planos mucho más sensatos: "De esta suerte la has de fabricar: Longitud del arca trescientos codos, su anchura cincuenta codos y treinta codos su altura". No es que fuera el modelo ideal para un tranquilo crucero, pero, sin duda, sus pasajeros sufrieron mucho menos que los del hexaedro flotante.

Una de las cosas que llama la atención es el por qué de tantos detalles técnicos. Aquí he incluido solamente los concernientes a las medidas, pero en ambos textos, sobre todo en el judío, las instrucciones son desconcertantemente minuciosas y precisas. Tratándose de libros esencialmente religiosos, en los que, por encima de los hechos, cuenta el mensaje adoctrinador y la exaltación de un ser divinísimo que, por narices, ha de ser el auténtico, el creador de todo, el supremo, el definitivo y el más de lo más, no sólo resultan innecesarios ese tipo de datos prácticos, sino que su inclusión va en detrimento de la presunta omnipotencia del dios en cuestión. En lugar del lógico "¡Hágase!", abundan los "coge de aquí", "tira de allá", "corta por este lado"... instrucciones que, como en el caso extremo del Arca de la Alianza, dan a entender que para ejecutar sus deseos, al "todopoderoso" dios, en este caso Yhavé, le resultaba imprescindible la mano de obra. Esa peculiaridad es una de las que dan pie a los investigadores de la "astroarqueología" para incluir a Yhavé en la lista de los "dioses maestros" o "dioses instructores"; supuestos embajadores de una cultura avanzada, ya sea de este u otro planeta, que proporcionaron al hombre antiguo conocimientos entonces lejos de su alcance, de paso que le imponían originales normas de conducta y lo acarreaban como al ganado en busca de tierras prometidas que, a la postre, resultaban ser iguales o peores que las que habían dejado atrás. Y es que, aunque el judío se considere a sí mismo el único pueblo elegido, se trata de uno más entre las decenas de pueblos elegidos que hubo en el pasado, con diluvios y éxodos equiparables, si no idénticos, y con dioses igualmente impresentables como tales, pero eficientes en su papel de generales e ingenieros. Lo que no está claro es si fueron ellos quienes alardearon de divinidad o fueron sus pueblos "elegidos" –y entrecomillo el término para que no quede duda de que lo utilizo con sorna– los que, en una hipérbole de lo que ahora se define como "síndrome de Estocolmo", los transformaron en dioses.

En cualquier caso, es muy posible que la historieta de Noé esté haciendo referencia a sucesos reales –nada divinos y nada universales– que acontecieron en aquella parte del mundo, por lo que quizá merezca la pena seguir buscando el arca. Si al lector le tienta la idea y puesto que el relato bíblico es copia del sumerio, le recomiendo que no pierda el tiempo en el monte Ararat y se vaya directamente al monte Nitsir, en el Kurdistán, que es donde se quedó varada la embarcación de Utanapishtim.

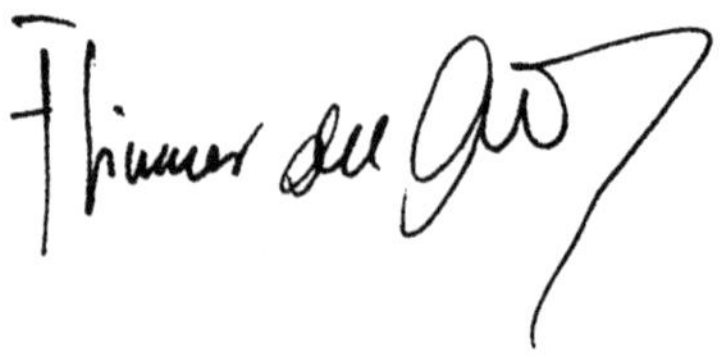

Fernando Jiménez del Oso

INTRODUCCIÓN

Misterios, misterios y más misterios

La mayor parte de los misterios de nuestra existencia tienen que ver directa o indirectamente con el mundo de la religión, y de hecho ésta ha surgido precisamente como respuesta a las dos principales e inseparables incógnitas que siempre han inquietado al hombre: la vida y la muerte. Las religiones –o la religiosidad para ser más precisos– constituyen por tanto una de las maneras en las que el ser humano, desde que tiene conciencia de la propia caducidad de su existencia, ha buscado explicaciones al mundo que le rodea y a todo cuando en él ocurre, esforzándose doblemente en argumentar de forma más o menos convincente el porqué del fenómeno de la muerte. Y lo ha hecho proponiendo, con diferentes matices según las épocas y culturas, la existencia de una parte inmortal en el hombre, imperecedera, que continua viviendo después de la muerte bien en reinos celestiales o infernales, reencarnando en otro cuerpo humano, de animal o planta, o tal vez integrándose directamente en Dios, en una mente cósmica o en la Naturaleza concebida como "un todo".

La vida y la muerte son por tanto los grandes enigmas de la humanidad. Sin embargo ello no ha impedido que las religiones fueran aglutinando también un amplio espectro de misterios menores, constituidos en su mayor parte por fenómenos extraños, objetos presuntamente impregnados de la divinidad o acontecimientos de naturaleza excepcional que, circunstancialmente, probaban o validaban la autenticidad de las creencias y dogmas que con el tiempo han ido haciendo acto de presencia en las religiones. Y entre todas ellas es posiblemente en el Cristianismo donde objetiva y desapasionadamente encontramos una mayor cantidad de misterios sin resolver, de intrigantes incógnitas acumuladas a lo largo de varios milenios de existencia.

Aunque los presentemos en el contexto del cristianismo, una buena parte de esos enigmas también están presentes en otras confesiones religiosas, como es el caso por ejemplo de los fenómenos paranormales o insólitos que rodean a los místicos, o las apariciones de seres sobrenaturales, mientras que otros enigmas parecen haber sido tomados prestados directamente de formas de culto anteriores, como es el caso del Arca de la Alianza presente ya según algunos expertos entre los antiguos egipcios, o la simbología del nacimiento de Jesús que hallamos en la tradición sagrada del dios Mitra, con una antigüedad superior en varios siglos a la cronología cristiana.

En *Enigmas del Cristianismo* haremos un minucioso repaso por los mayores enigmas vinculados a dicha religión, desde los primeros tiempos recogidos en las Sagradas Escrituras, a los misterios más recientes. Nos aproximaremos en detalle a episodios como el del Diluvio Universal y a las pruebas que la ciencia aporta como constatación de dicha inundación a escala planetaria, analizando la hipotética existencia de objetos de inspiración divina como la poderosa y temible Arca de la Alianza. De su posible paradero, así como del lugar en el que también podría custodiarse el mítico Santo Grial, elaborado con la esmeralda caída de la frente de Lucifer y con el que Jesús celebró la Última Cena, nos ocuparemos a lo largo de estas páginas. Habrá espacio también para tratar sobre algunas reliquias sagradas destacables, objetos de poder como la Lanza del Destino que llegó a poseer el propio Hitler, y desconcertantes asuntos como el de la Sábana Santa, el polémico lienzo conservado en Turín y en el que se asegura fue envuelto el cuerpo de Jesucristo después de su muerte.

Un capítulo especial merecerán los videntes y profetas ligados al cristianismo, desde aquellos que están presentes en los textos bíblicos, a otros como San Malaquías y sus famosas profecías sobre los Papas. No pasaremos por alto episodios tan recientes del entorno profético como las visiones de Juan XXIII, el Tercer Secreto de Fátima, o el discutido código informático con acontecimientos del futuro que parece contener la Biblia. Será necesario echar también una ojeada al controvertido mundo de las apariciones marianas, cuya mecánica contiene suficientes elementos de controversia como para que sean muchos, incluso desde dentro de la Iglesia como institución, los que las contemplen con escepticismo aún cuando su realidad sea muchas veces innegable.

También repasaremos la abrumadora presencia de fenómenos paranormales y sobrenaturales en los textos sagrados y en la vida de los santos, desde las sorprendentes bilocaciones y levitaciones, a otros fenómenos más cercanos a nuestra comprensión pero no por ello menos sobrecogedores, como los estigmas y la incorruptibilidad.

Finalizaremos este libro con un capítulo dedicado a una galería de personajes vinculados de una u otra manera con el cristianismo, que han vivido situaciones o experiencias misteriosas, o que bien han protagonizado capítulos oscuros en la historia de esta religión, concluyendo con una miscelánea de otros enigmas de interés, tales como, el verdadero final de Sodoma y Gomorra, la misteriosa máquina del maná que alimentó durante cuarenta años al pueblo judío, la desconcertante presencia de ovnis en cuadros religiosos, la naturaleza de la Estrella de Belén o el enigma tecnológico del cuadro de la Virgen de Guadalupe. Un viaje en suma, al fondo de unos misterios íntimamente relacionados con nuestra historia y especialmente con la forma que tenemos de ver el mundo.

Capítulo 1

EL ENIGMA DEL ARCA DE LA ALIANZA

Tecnología de otro mundo

"...dijo Yavé a Moisés:
–Di a tu hermano Aarón que no entre nunca en el santuario
a la parte interior del velo, delante del propiciatorio que está sobre el Arca,
no sea que muera, pues yo me muestro en la nube
sobre el propiciatorio–". *(Levítico 16:1-2)*

Para muchos especialistas, el Arca de la Alianza es sin duda alguna uno de los mayores misterios del Antiguo Testamento, una poderosa herramienta que fue construida siguiendo las instrucciones dadas a Moisés por el mismísimo Yavé. Sus asombrosos poderes atemorizaron durante siglos al pueblo judío, y hoy en día su paradero continúa siendo un enigma.

Y no ha sido por no haberla codiciado y buscado: el Arca de la Alianza es uno de los objetos religiosos y arqueológicos más perseguidos de la historia; una "máquina" capaz entre otras cosas de provocar tumores, emitir destellos cegadores, descargas energéticas mortales o levantarse por los aires junto a sus porteadores violando la siempre pesada ley de la gravedad.

Un instrumento así, construido siguiendo fielmente las instrucciones que el propio Dios-Yavé le dio a Moisés durante su estancia en el Monte Sinaí, lógicamente ha despertado a lo largo de los siglos el interés tanto de iniciados y órdenes esotéricas, como de arqueólogos, periodistas y científicos. Las pruebas más claras de dicho interés las tenemos en las múltiples teorías sobre la naturaleza del Arca y sus supuestos paraderos, así como en su incursión en el mundo del cine de la mano de Spielberg, en la primera entrega de las aventuras de Indiana Jones, *En busca del*

Arca Perdida, película que popularizó aún más este misterioso objeto en las últimas décadas del siglo pasado.

Instrucciones divinas

En la tradición sagrada recogida en el *Antiguo Testamento* no se pone ni por un momento en duda que fuese el propio Yavé quien diera las instrucciones a Moisés para la construcción del Arca, a pesar de que objetos similares y con funciones comunes existían ya en el antiguo Egipto cuando el patriarca judío ni tan siquiera había nacido, como veremos más adelante. En cualquier caso no deja de ser cierto que Yavé se mostró muy explícito con los detalles del Arca: "Harán un Arca de madera de acacia, que tenga de longitud dos codos y medio, codo y medio de anchura y codo y medio de altura. La revestirás de oro por dentro y por fuera y encima labrarás una cornisa de oro alrededor. Le pondrás cuatro anillos, uno en cada ángulo del Arca, dos a un lado y dos al otro. Harás también unas varas de madera de acacia y las cubrirás igualmente con oro. Las pasarás por los anillos que están a los lados del Arca y servirán para llevarla. Estas varas estarán siempre metidas en los anillos y no se sacarán de ellos...

Harás también un propiciatorio de oro puro de dos codos y medio de largo y uno y medio de alto.

Harás dos querubines de oro, de oro batido, a los dos extremos del propiciatorio, uno a un lado y otro a otro lado de él. Lo harás formando un solo cuerpo con él, a sus dos lados.

Tendrán los querubines sus dos alas extendidas hacia arriba cubriendo con ellas el propiciatorio, estando sus rostros uno frente al otro y mirando hacia el propiciatorio..." (Éxodo 25:10)

Las instrucciones fueron seguidas al pie de la letra por Bezaleel y otros "hombres hábiles a los que Yavé había dado pericia", quienes no sólo construyeron el Arca sagrada, sino que también trabajaron en la elaboración del Tabernáculo, el candelabro, el vestuario de los sacerdotes, la mesa sagrada y los objetos para los que estaba destinada, etc. Cuando estuvo terminada y con las poderosas y determinantes Tablas de la Ley en su interior, el Arca comenzó a ocupar un lugar destacado en el sanctasanctórum del Tabernáculo, ese auténtico templo portátil que los israelitas construyeron y transportaron durante su larga búsqueda de la Tierra Prometida, convirtiéndose la citada "caja celestial" en un auténtico "talismán" que representaba la alianza de Dios con su pueblo, cuando no la propia encarnación material de Yavé.

Sus misteriosos poderes

Poco tiempo después de su construcción el pueblo israelí conocería los temibles poderes de un instrumento que entre otras cosas permitía a Yavé mostrarse y comunicarse con Moisés, una función ciertamente desconcertante hoy en día a los ojos de cualquier persona. Tengamos en cuenta que aparentemente no era más que una caja de madera de 1,25 metros de largo, por 75 cm de ancho por otros tantos de alto, cubierta con una tapa de oro, es decir, material aislante y conductor respectivamente. La parte más inestable y peligrosa del Arca parecía ser justo la zona existente entre los dos querubines, encima del propiciatorio. Allí no sólo se manifestaba Yavé en forma de llama o nube, sino que también, como apunta el autor de *Símbolo y Señal* Graham Hancock, "Otros fenómenos supuestamente sobrenaturales se manifestaron también –entre los querubines– que se miraban sobre la tapa de oro del Arca. Pocos días después del infortunado fallecimiento de los dos hijos de Aarón, Moisés penetró en el sanctasanctórum del Tabernáculo, entonces instalado todavía a la sombra del monte Sinaí. Dentro oyó la voz de alguien que le hablaba desde lo alto del propiciatorio que está sobre el Arca, entre los querubines". Hancock, que dedicó cerca de diez años a investigar el paradero del Arca, aporta interesantes datos sobre sus poderes recogidos en leyendas y tradiciones judías. "Según un perdurable recuerdo tradicional, escribe, –dos chispas, descritas en otros lugares como 'llamas abrazadoras', brotaron de los querubines que guardaban el Arca–, chispas que en ocasiones quemaban y destruían los objetos cercanos…" Los poderes del objeto se manifestaban generalmente de forma espontánea, afectando mortalmente a quienes estaban a su alrededor. Este fue el caso por ejemplo de los hijos de Aarón mencionados antes, las dos primeras víctimas mortales del Arca de la Alianza. Según se desprende del *Antiguo Testamento*, Nadab y Abihú "tomaron cada uno su incensario, pusieron fuego en ellos y, luego de echar incienso encima, ofrecieron ante Yavé un fuego profano que él no les había mandado. En ese momento salió de la presencia de Yavé un fuego que los devoró, y murieron delante de Yavé". El mismo destino corrieron algunos porteadores del Arca, quienes según tradiciones rabínicas de vez en cuando eran muertos por las poderosas chispas que salían de los querubines. Años después, cuando el Rey David quiso llevar el Arca a Jerusalén, se repitió nuevamente la historia. En esta ocasión la víctima fue Uzzá, hijo de Abinadab, quien junto a su hermano Ajyó trasladaban el objeto sagrado en una carreta: "Al llegar a la tierra de Nacón, Uzzá extendió las manos hacia el Arca de Dios y la sujetó, porque los bueyes amenazaban con volcarla. Entonces la ira de Yavé se encendió contra Uzzá y allí mismo, Dios lo castigó por haberse atrevido a tocar el Arca, y cayó muerto al lado del Arca de Dios". (Samuel II, 6) Los efectos mortales del arca fueron utilizados por los israelitas durante los cuarenta años que pasaron en el desierto, garantizándose la victoria en las batallas que libraban si ésta les acompañaba. La *Biblia* recoge diversas referencias en este sentido, la más famosa de las cuales quizá sea la caída de Jericó, con Josué al frente del pueblo de Israel como sucesor de Moisés y nuevo portador de los secretos del arca. Sin embargo, como acertadamente ha señalado Hancock, siglo y medio después de la muerte de Josué, el Arca parecía haber perdido su valor para los israelitas, que la habían instalado de forma permanente en un santuario llamado Silo. La terrorífica máquina parecía "desconectada", como si los hombres y el propio Yavé la hubieran relegado a un segundo plano. Sin su "arma divina" el pueblo israelí perdió cuatro mil hombres en la Batalla de Eben Ezer contra los filisteos y aunque posteriormente decidieron llevar el Arca consigo en un nuevo enfrentamiento, volvieron a caer derrotados perdiendo la reliquia, que fue llevada por los filisteos a Azoto, donde provocó tumores entre la población. Su mortal efecto desencadenó tanta enfermedad que a pesar de codiciarla y ser un botín de guerra de gran fuerza cuando menos para minar la moral del enemigo y manifestar la supremacía de los filisteos, estos terminaron por devolverla a sus legítimos propietarios, los israelitas al cabo de siete meses.

En cuanto a otros poderes atribuidos al Arca cabe señalar la generación del maná con el que se alimentó el pueblo de Israel en el desierto, alimento divino del que al parecer albergó una copa llena, y su capacidad para vencer la gravedad, ya que tradicionalmente se aceptaba que no sólo era capaz de levitar sino de transportar a sus porteadores.

Hipótesis para el misterio

Antes de analizar las propuestas sobre su posible localización, cabría detenernos brevemente en las hipótesis formuladas a cerca del origen de sus desconcertantes poderes. Una de las más curiosas fue la planteada por los ingenieros británicos George Sassoon y Rodney Dale, para quienes el Arca o "El anciano de los Días" según el Zohar, era una máquina para producir maná que contaba con algún tipo de sistema técnico de naturaleza nuclear y una suerte de recipiente para el cultivo de una variedad de alga comestible, con mecanismos similares a los utilizados en la actualidad en los vuelos espaciales. Una posibilidad ciertamente difícil de aceptar si tenemos en cuenta que los hechos narrados en el Éxodo parecen remontarse más de 3.200 años.

Asímismo otros han interpretado la enigmática caja como un acumulador de orgón, esa energía sutil de carácter universal que aseguró descubrir a finales de la década de los años treinta el médico y psiquiatra austríaco Wilhelm Reich. Según este carismático y polémico científico, el orgón era la energía que precedía a la materia y la generaba a través de su condensación, y que podía ser usada mediante su acumulación en cajas especiales construidas por medio de la superposición de capas de materiales conductores y no conductores en número variable. Por ello no es de extrañar que algunos estudiosos del Arca de la Alianza hayan creído ver en esta caja de madera y oro un acumulador de esa energía, capaz de generar variados efectos.

Otra hipótesis plantea que lo importante y la razón de sus efectos no era la caja en sí misma, sino lo que ésta contenía: algún tipo de material radioactivo terrestre en el que por ejemplo se pudieron grabar las leyes de Yavé, o bien trozos de meteoritos igualmente radioactivos conservados como una manifestación de la divinidad.

Entre las hipótesis planteadas la de mayor rigor quizá sea la que quiere ver en el arca un condensador eléctrico, capaz de producir descargas con un voltaje que oscila entre los 700 voltios propuestos por Maurice Denis-Papin y los 20.000 del físico argentino José Alvarez López.

Si existió, ¿dónde se encuentra?

Entrando de lleno en su posible localización, existen varias propuestas al respecto. Entre las más pintorescas se encuentran las formuladas por varios psíquicos y sensitivos, como es el caso de Gerry Cannon quien asegura conocer la localización en Egipto del arca gracias a las revelaciones de su guía "Mosec", que en vida fue un soldado encargado de robarla. En la misma línea otros videntes, médiums y sensitivos han formulado variopintas quinielas basadas igualmente en revelaciones espirituales que, cuando menos, adolecen de una mínima prueba física y que la suelen situar en lugares como la Esfinge, la Gran Pirámide, o algún templo o enclave precolombino. En el ámbito arqueológico el estadounidense Ron Wyatt asegura haberla encontrado en una gruta bajo el Monte Calvario, impregnada de la mismísima sangre derramada por Jesús durante la crucifixión. Wyatt experimentó en 1978 una súbita revelación mientras visitaba las cercanías del monte Moriah, identificado como el Monte Calvario, en los alrededores de la parte más antigua de la ciudad de Jerusalén. De repente tuvo la intuición de que allí estaba el Arca y tras cuatro años de búsqueda y excavaciones, aseguró encontrarla en una de las muchas cavidades artificiales que halló bajo el monte Calvario, dentro de un recipiente de piedra. Tanto este recipiente como el techo de la gruta estaban impregnados de una sustancia ennegrecida, que al parecer se había filtrado desde la superficie del monte y que para este arqueólogo norteamericano no era otra cosa que la mismísima sangre derramada por Cristo. Al parecer sigue allí esperando la autorización del Gobierno de Israel para extraerla.

No obstante, algunos rabinos la ubican en un túnel cercano al Muro de las Lamentaciones, y el Instituto para la Reconstrucción de la Historia Antigua la tiene localizada en una cueva del Monte Nebo en Jordania desde 1981. Esta ubicación dio mucho que hablar en los años ochenta, cuando se divulgó a nivel internacional la noticia del supuesto hallazgo junto a una fotografía de la misteriosa caja, tomada directamente por el arqueólogo estadounidense Tom Crotser. Al parecer estaba en una cavidad tallada en la roca y situada al final de un largo túnel cercano al monte Nebo, desde el que Moisés vio por primera vez la Tierra Prometida. Al parecer se trataba de una caja de oro de unas medidas algo superiores a las recogidas en los textos bíblicos, 1,55 de largo por 93,5 cm de ancho y 92,5 de alto.

Con diferencia han sido los arqueólogos estadounidenses los que con mayor ahínco han buscado el Arca de la Alianza. El tercero en discordia es Vendyl Jones, del que se afirma inspiró a Spielberg la creación de su personaje cinematográfico. El Jones de carne y hueso afirmó en 1994 haber localizado el Arca en Israel, en las ruinas de la ciudad bíblica de Gilgal, gracias a unas fotografías de alta resolución tomadas por un

satélite de la Nasa que mostraban los restos de un emplazamiento arqueológico que esta mezcla de científico, aventurero y showman interpreta como una copia del Templo de Salomón en alguna de cuyas parte está el codiciado objeto.
Finalmente otras hipótesis sitúan el codiciado objeto en manos de los templarios, quienes en los primeros años de su constitución como orden la encontraron en el Templo de Salomón, trasladándola a Francia, concretamente al enclave cátaro de Languedoc. Desde aquí unos proponen que viajó a Escocia, a la enigmática Capilla de Rosslyn, mientras que otros consideran que permaneció en Francia hasta que los alemanes la trasladaron a su país poco antes del final de la Segunda Guerra Mundial, donde permanece en paradero desconocido.

La clave etíope

Una última hipótesis a tener en cuenta es la que sitúa el misterioso objeto en tierras africanas, concretamente en Etiopía. Durante diez años, el periodista Graham Hancock siguió la pista del Arca de la Alianza desde su misteriosa desaparición bíblica. En 1983 oyó hablar por primera vez de su conexión con Etiopía, mientras escribía un libro sobre este país africano, donde trabaja como corresponsal mucho antes de convertirse en uno de los más populares especialistas en misterios del pasado. En su visita a la ciudad de Aksum, conoció al que afirmaba ser el guardián del Arca o *Tabot* quien le narró la leyenda del hijo de Salomón y la Reina de Saba y su relación con el objeto sagrado. Dicha leyenda, tenida como cierta en Etiopía y a partir de la cual se ha venido tejiendo el linaje de sus gobernantes, forma parte del libro sagrado *Kebra Nagast* o *Gloria de los Reyes*, y en pocas líneas viene a narrar cómo en su visita a Jerusalén la Reina de Saba concibió un hijo de Salomón que nació a su regreso a Aksum y al que llamó Menelik. Cuando el joven estuvo cerca de cumplir los veinte años, fue enviado a Jerusalén a conocer la corte de su padre, donde permaneció por espacio de un año.

Al cabo de este tiempo tuvo que regresar a la ciudad etíope de Aksum, llevándose el Arca sagrada consigo sin el consentimiento de los sacerdotes y ante el aparente resquebrajamiento moral que vivía la corte salomónica. A partir de ese momento el Arca no habría salido de Etiopía, extendiéndose su culto por todo el país de una forma impresionante y única en todo el mundo. Lo que parecía ser sólo una leyenda sin demasiados visos de realidad, ya que por ejemplo Aksum no fue fundada hasta uno 700 años después de la muerte de Menelik, se convirtió en una obsesión para Hancock al encontrar conexiones entre una de las primeras obras que habla del Santo Grial, el *Parzival* del poeta medieval Wolfram von Eschenbach, y algunos relieves de la Catedral francesa de Chartres que presentan a la Reina de Saba. Atando cabos llegó a la conclusión de que los templarios habían conocido la leyenda de Menelik y la habían dejado plasmada en clave poética en el libro de Parzival y en piedra en Chartres, siendo el Grial una actualización del Arca.

Su búsqueda le llevó en diversas ocasiones a Etiopía, descubriendo que cada iglesia ortodoxa etíope tenía un sagrario que guardaba una réplica del Tabot, y que ésta salía en procesión una vez al año cubierta con telas durante la fiesta del *Timkat*.

En 1991 Hancock ya tenía encajadas varias piezas del rompecabezas. Su meticuloso análisis de las escrituras le llevó a encontrar más de doscientas referencias de la reliquia, y a establecer que el Arca no desapareció del Templo de Jerusalén construido para albergarla hasta el 700 a.C., varios siglos después de lo que se suponía. Hacia el 650 a.C. el Tabot fue sacado de Jerusalén por sacerdotes judíos que huían del rey Manasés y llevada probablemente al templo de Elefantina. De allí pasaría siglos después tras la destrucción del templo en el siglo V a.C. a un monasterio en una de las pequeñas islas del Lago Tana, concretamente a Tana Kirkos, donde permaneció durante 800 años hasta que fue llevada a Aksum hacia el 300 d.C. por el rey etíope Ezana.

En su investigación el autor de *Símbolo y Señal* descubrió que objetos similares al Arca aparecían en relieves egipcios anteriores a Moisés, y que su función era también albergar la divinidad. Asímismo se percató de que la ceremonia del *Timkat* aparecía también en los grabados faraónicos de la época de Tutankamón. Su búsqueda concluyó en 1991 cuando participó en el Timkat celebrado en Aksum. Durante dos días se sucedieron los festejos y se sacó en procesión la que aparentemente era el Arca auténtica, una caja rectangular envuelta en un grueso paño azul. Sin embargo Hancock se percató de que el guardián de la reliquia permaneció durante los dos días sin salir de la capilla de la iglesia de Santa María de Sión, lo que le llevó a confirmar definitivamente que la verdadera Arca no salía en procesión y permanecía bajo la atenta vigilancia de su guardián.

El Arca de la Alianza era un auténtico talismán que debía ser transportado con sumo cuidado. Representaba la alianza de Dios con su pueblo.

Representación del episodio de la muerte de Oza a consecuencia del poder del Arca (Siglo XV). Los efectos mortales del Arca fueron utilizados por los israelitas durante los 40 años que pasaron en el desierto.

El Arca contenía las tablas de la ley en su interior, junto a otros objetos sagrados. El Arca era de madera de acacia y estaba revestida de oro por dentro y por fuera.

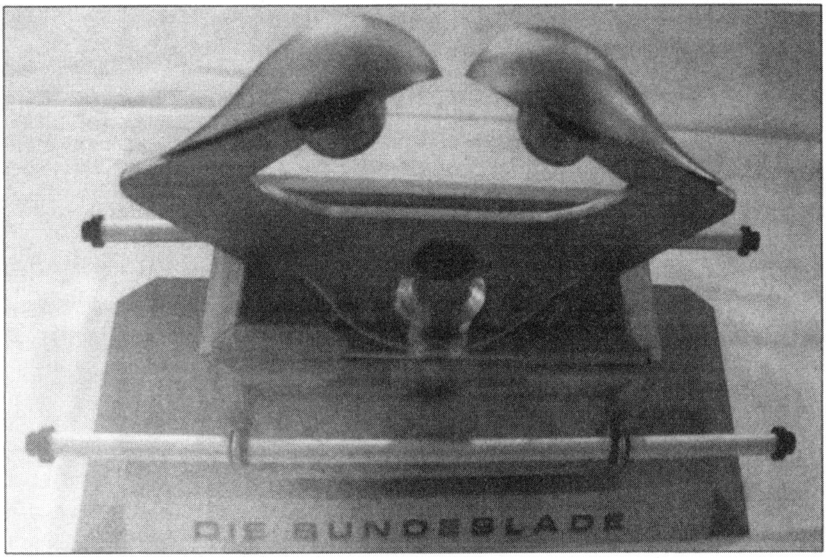

Reconstrucción del Arca realizada por la Ancient Astronauts Society.

Capítulo 2

EL SANTO GRIAL

Mito y leyenda de la reliquia más codiciada

"Mientras estaban comiendo, tomó Jesús pan y lo bendijo,
lo partió y, dándoselo a sus discípulos dijo:
–Tomad, comed, éste es mi cuerpo–. Tomó luego una copa y,
dadas las gracias, se la dio diciendo: –Bebed de ella todos, porque ésta es mi sangre
de la alianza, que es derramada por muchos
para perdón de los pecados–". *(Mateo, 26, 26-28)*

Es bastante probable que el Grial sea el objeto ligado a la figura de Jesús más codiciado de toda la historia. Desde luego no hay ninguna duda de que al menos es el más popular, especialmente porque su presencia es permanente en la Santa Misa, el ritual de la Eucaristía que rememora la Última Cena que Jesús celebró con sus discípulos antes de ser ajusticiado. Al igual que como sucediera con el Arca de la Alianza, el Grial y su búsqueda también han sido llevados al mundo del celuloide de la mano de afamados directores como Spierlberg, quien quiso que el infatigable Indiana Jones lo encontrara en el interior de una gruta rodeado de gran número de réplicas. Y es que como el lector comprobará a lo largo de éste y otros capítulos, la autenticidad de los objetos sagrados y reliquias es siempre objeto de discusión. Y el Santo Grial no podía ser menos, aunque las dudas acerca de su existencia como objeto físico sean generalizadas.

Copa, vaso o bandeja

Pero, ¿qué se supone que es el Grial? Básicamente y desde una lectura cristiana aunque no oficial, se trata de la copa que Jesús usó en la última cena, con la que bebió y dio de beber a sus discípulos. Sin embargo y en honor a la verdad, el grial también ha sido visto como un vaso, plato, bandeja e incluso caldero, si atendemos a las tradiciones celtas tal y como explicaremos más adelante.

Su presencia en los Evangelios sólo puede ser rastreada mínimamente en el contexto de la cena de los apóstoles con Jesús, y jamás con el nombre de Grial, término que parece ser una acepción medieval. Arthur F.J. Remy, interpreta "Grial" en el primer volumen *The Catholic Encyclopedia,* con las palabras "Gradalis" y "Greal", que definen a un plato ancho y poco profundo que acoge los mejores manjares y al propio placer derivado de su consumición, respectivamente, de ahí que etimológicamente esté más cercano al concepto de un "plato", e incluso una "bandeja", que al de una copa. Es curioso que al margen de su imagen física, el hallazgo y consecuente comprensión de la naturaleza del grial en la literatura medieval que crearía el mito, sea una poderosa experiencia interior, que llena al afortunado, convirtiéndolo también a él en recipiente colmado de sabiduría. Para Remy, asociar el término Santo Grial a "Sangre Real" como ocasionalmente se ha hecho, estableciendo con ello una hipótesis que interpreta al Grial como un linaje que partiría directamente de la hipotética descendencia que habrían tenido Jesús y María Magdalena, carece de fundamento.

Retomando el hilo de los Evangelios canónigos, el objeto apenas puede ser visto como una copa o recipiente, un objeto más de los que se debieron utilizar esa noche para celebrar la pascua. No obstante, la historia como imaginará el lector no es tan simple. Es fácil deducir que celebrándose la cena en la casa de José de Arimatea, tal y como recogen los evangelios, la copa en cuestión fuera de su propiedad. Hasta aquí todo va bien. Igualmente sabemos por los textos canónigos que una vez crucificado Jesús, José de Arimatea –del que sabemos que era rico, bueno, miembro del Sanedrín, seguidor en secreto del Mesías y posiblemente pariente– pidió a Poncio Pilatos el cuerpo de su maestro y tras envolverlo en unos lienzos lo llevó a un sepulcro nuevo donde lo depósito. Posteriormente, tras la resurrección, José fue acusado de haber robado el cuerpo de Jesús. Y aquí acaba su presencia en los Evangelios. Todo lo que sabemos a partir de aquí de este personaje, y más importante aún, de la copa, es fruto de un sincretismo de textos apócrifos cristianos, leyendas celtas, orientales y sobre todo, de la imaginación de novelistas medievales que lograron plasmar una rica simbología casi prehistórica en la figura de este recipiente. Por ello conviene que el lector sepa que la imagen típica del Grial, custodiado por alguna bella dama en un palacio, o bien oculto en montañas o cualquier otro lugar inaccesible, y que es buscado afanosamente por nobles y valientes caballeros, pertenece exclusivamente al mundo de la literatura.

Leyendas unificadoras

No obstante, es necesario mencionar cuales han sido los elementos que se le han ido añadiendo a lo que en principio no era más que una modesta copa, o quizá no tan modesta sí tenemos en cuenta que el de Arimatea era a fin de cuentas un hombre rico. En todo caso, este recipiente se convierte en especial a partir de la literatura medieval y algunos apócrifos, en los que se narra cómo José recoge con ella la sangre de Cristo ya cadáver en el interior del sepulcro en unas versiones, o en el propio Gólgota según otras. El líquido vital mana mezclado con agua de la herida abierta en el costado por la lanzada que recibió en la cruz, de manos de un legionario romano, y cuya huella por cierto rastrearemos tanto cuando hablemos de la Sábana Santa, como de la propia *Lanza de Longinos o del Destino.* De alguna manera, con ese acto el objeto había quedado definitivamente consagrado, transmutado en un recipiente único que había recogido la sangre del mismísimo Hijo de Dios, y que gracias a ello había quedado impregnada por la divinidad y dotada de la capacidad de dar curación a cualquier dolencia e incluso ampliar la vida de aquel que bebiera de ella, junto a otras virtudes que iremos viendo. No sabemos qué haría con dicha sangre, pero las fuentes no oficiales, como el *Evangelio Apócrifo de Nicodemus* nos dice que José el de

Arimatea fue encarcelado durante más de cuarenta años acusado de haber robado el cuerpo de Jesús. Tal y como resume Andrea Ramos en su aproximación a este misterio: "Entonces, el resucitado se le apareció envuelto en un resplandeciente haz de luz y le confió el cáliz para preservarlo, además de instruirle, antes de desvanecerse, en el misterio de la misa. Además, la leyenda cuenta que José se mantuvo milagrosamente vivo gracias a una paloma que entraba en su celda todos los días y depositaba una hostia en el cáliz, si bien el milagro podría no ser más que una analogía relativa a la capacidad de alimentar espiritualmente a los fieles que tiene el sacramento de la Eucaristía".

De Arturo y Lucifer

El caso es que una vez liberado marchó hasta las Islas Británicas por encargo de San Felipe, llevando consigo la copa que depósito en un templo edificado al efecto en Glastonbury, la supuesta Avalón artúrica. Se trataría pues de la primera iglesia cristiana, y aunque tal vez sólo sea una leyenda, lo cierto es que muchos prehistoriadores aceptan que el cristianismo, con o sin Grial, estuvo presente en Inglaterra desde la primera mitad del siglo I. De hecho una vasija de bronce conservada en el museo de Taunton de origen precristiano ha sido vista como el mítico objeto, y la presencia de abundantes elementos de la mitología galesa en las sagas artúricas insinúan una cristianización de mitos anteriores al siglo I.

Desde aquí comenzaría una larga historia que colocaría el Grial en manos del cuñado de José de Arimatea, Bron, que se convertiría en el legendario "Rico Pescador" por haber multiplicado peces al igual que Jesús, y que para los expertos es una cristianización del Dios galés Brân el Bendito, que poseía un caldero mágico. De las manos de éste pasaría a las del Rey Pescador, cuya herida incurable descrita en los relatos griálicos tiene relación alegórica con la ya citada lanza y la herida en el costado de Jesús. Además de ver el Grial en manos de los literarios caballeros del Rey Arturo, también se sospechará que los históricos templarios y cátaros lo poseyeron, y por poco hasta el propio Hitler, llegándose a contabilizar hasta nuestros días hasta cerca de una veintena de griales en todo el mundo que pujan por ser el auténtico, a pesar de que todo índica que se trata de un mito.

No obstante aún existe un dato más que añade singularidad a esta copa. Una tradición griálica posiblemente gestada en el contexto de las sagas artúricas y aliñada con mitología druídica, sostiene que la copa ya era especial antes incluso de acoger la sangre de Jesús, nada más y nada menos que por haber sido elaborada a partir de una enorme y pura esmeralda caída de la frente de Lucifer. Al parecer, en la lucha entre los ángeles rebeldes y los fieles a Dios, la esmeralda se desprendió de la corona del ángel caído Lucífer, justo cuando fue derrotado por el arcángel Miguel y enviado a los Infiernos. Con esa esmeralda se tallaría una copa, que le sería entregada a Adán y pasaría por las manos de otros personajes bíblicos, hasta llegar a manos de los druidas, quienes lo enviaron a Jerusalén comenzando la historia que ya hemos descrito.

Los siglos XII y XIII contemplaron el nacimiento de la novela *Perceval* de Chrétien de Troyes y de Wolfram von Eschenbach, imprescindibles para entender la confluencia de simbología de diferentes culturas en un solo objeto, materialización de virtudes y conocimiento humano. De Troyes es uno de los poetas franceses más destacados del medioevo, responsable con su inacabada obra *El Libro de Perceval* o el *Cuento de Grial,* del comienzo de la literatura vinculada al grial y a su búsqueda por parte de nobles caballeros. Los expertos estiman que el conjunto de poemas que componen la obra debió de escribirlos en el periodo de 1178 a 1181, cuando las órdenes de caballería comenzaban a ganar poder, aportando una rica imaginería que inspiraría a muchos autores tanto contemporáneos como posteriores a Chrétien. En la mayor parte de ellos está presente el Rey Arturo y sus caballeros de la Tabla Redonda, cobrando protagonismo algún personaje especial que es el que finalmente encuentra el codiciado tesoro. Básicamente se narra la historia de un joven un tanto torpe llamado Perceval, que alcanza su punto álgido cuando visita el Castillo del Graal (o del Rey Herido, sucesor del Rico Pescador) y absorto ve a una bella doncella entrar en una instancia, portando el grial en sus manos. "Luego apareció un graal que llevaba entre sus manos una bella y gentil doncella, ricamente ataviada. Le seguían dos criados, cuando hubo entrado, se extendió por la sala tan gran claridad que la luz de los cirios palideció como ocurre con la Luna y la estrellas cuando sale el Sol (...)

El graal que iba delante era del oro más puro, adornado con una variedad de ricas piedras preciosas como no se encontrarán otras en la tierra o en el mar: ninguna gema podía compararse con el graal". El desfile al que asistieron los comensales incluyó también una lanza blanca con una gota de sangre en su punta, –que se convertirá como ya indicamos en la Lanza de Longinos– una lámpara de oro, y un plato de plata, que muchos expertos interpretan como la patena utilizada en el ritual cristiano de la Eucaristía.

El protagonista atendiendo a las indicaciones que se le habían dado contiene sus ansias de preguntar sobre el significado de lo que ve, cometiendo con su silencio un grave error y perpetuando la tortura del Rey y las penurias de su reino. Y es que a través de sus preguntas habría vencido su ignorancia y liberado al monarca de la herida incurable que también sufría su tierra.

Destacada sin duda alguna es también la obra del poeta alemán Wolfram von Eschenbach, *Parzival*, que en la misma línea que otros poemas de la época fue escrita entre los años 1205 y 1215, aunque para este destacado autor que inspiraría la última ópera de Wagner, *Parsifal*, cinco siglos después, el Grial no es una copa, sino una piedra preciosa de indescriptible pureza y sobrenaturales poderes, el *lapsit exillis*, que tiene su origen en la ya citada rebelión de Lucifer, localizándose en el Castillo de *Munsalvaesche*.

Un Grial no físico

Hemos visto que la imagen asociada al concepto de Grial es la de una copa, o en su defecto algún recipiente, aunque siempre prima sobre la materia –incluso sí es una piedra preciosa–, los poderes o virtudes que están asociados al mismo y que son de carácter inmaterial. De él manan alimentos constantemente que nutren a los caballeros artúricos, se curan las heridas, y otorga un poder invencible a los que lo consiguen, desde la comprensión de su significado. El grial es poder en sí mismo, pero su efecto sobre el que lo posee está relacionado con los motivos de su búsqueda y la pureza y nobleza de los mismos. En Wolfram, leemos: "Satisfacción perfecta de todo deseo y paraíso, esto es el Grial, la piedra de luz, ante el cual todo resplandor terrenal no es nada".

En todo caso conviene saber que el concepto del recipiente como elemento sagrado es muy antiguo y por supuesto anterior al cristianismo. De hecho, está vinculado según algunos autores con lo femenino, con la matriz capaz de generar vida, complementándose con el símbolo fálico de la lanza. Vemos por tanto una lectura del origen de la vida en el propio mito griálico. Y es que esa capacidad de contener vida y virtudes se ve reflejada de múltiples maneras. Así tenemos el caldero céltico *Dagda*, que alimentaba a los guerreros, o el propio recipiente sagrado de los misterios de Eleusis, el *Kernos*, un gran cuenco en el que se preparaba bebida iniciática. Incluso sí aceptamos la hipótesis del linaje real descendiente del mismísimo Jesucristo, el "Grial" podría ser una persona vinculada a la monarquía, una posibilidad que ha generado abundante literatura y no pocas especulaciones incluyendo en la trama a los templarios y al enigmático Rennes-le-Château como enclave final. También debe ser significativo que el Islam posea su propio graal, su vaso sagrado que también buscaba una orden caballeresca mahometana, generada en la mística de los sufíes la *Futuwah*, tesoro que como apunta Marcel Hassin corresponde a "la Jâm-i Jam o copa de Jamshîd, mítico rey persa. Jamshîd podía ver en el interior de la copa el reflejo de todos los acontecimientos y fenómenos. En la leyenda persa la copa de Jamshîd, es poderosa, ya que en ella estaba concentrada toda la luz del mundo, el pasado, el presente y futuro, es decir, toda la historia de la humanidad".

En cualquier caso, se intuye en todos los textos que lo importante del grial es su misma búsqueda, un proceso iniciático que lleva al ser humano a pulir sus virtudes y desterrar lo negativo, renaciendo como alguien nuevo, más cercano a la perfección. El reputado experto español en historia heterodoxa Juan G. Atienza apuntaba un lazo indisoluble entre el Grial y la propia lanza que tantas veces hemos citado ya. "Es decir, que el Grial en sí mismo –escribe– corazón o copa, piedra o crátera, libro, mesa o contenedor universal de la Verdad y de la Esencia total que constituye la búsqueda del ser humano, parece no ser nada sin la punta de la lanza que, al penetrar y herir y verter la sangre divina o semen sagrado, derrama su contenido en el vaso que habrá de bañar en conocimiento al adepto consciente, al iniciado que se integró en el colectivo selecto cuyos miembros, sólo por pertenecer a él, eran o son ya miembros de élite, o sea elegidos de Dios de las alturas inalcanzables".

Griales por doquier

Es curioso que tal y como ya señalamos, siendo el grial un concepto que define algo inmaterial ligado al conocimiento interior, a su búsqueda y fin en sí mismo, sin embargo se le haya perseguido y se continúe haciéndolo como objeto físico, material y palpable. Varias decenas de recipientes pujan por ser el auténtico en diferentes lugares del mundo, aunque la lógica nos dice que no puede haber uno auténtico, y que en todo caso todos lo son por haber sido diseñados para simbolizarlo. Pero no siempre se ha pensado igual, de ahí que la autenticidad del "Graal" sea un tema ciertamente reñido. En Gran Bretaña existen varios candidatos, tal y como apunta Andrew Sinclair, autor de una interesante investigación sobre la presencia templaria en Escocia ligada a la enigmática Capilla de Rosslyn. Sinclair supone que siendo sus antepasados templarios, pudieron acoger el tesoro de la orden tras su disolución, incluido el grial, que se pudo custodiar en la capilla y que tal vez ahora esté en manos de los modernos templarios escoceses, que poseen "una copa eucarística enjoyada de la Edad Media". Este autor cita también que en "Nanteos, en el norte de Gales, se conservan los restos de una copa de madera gastada por los labios de los fieles (...) Existe la copa de Glastonbury, que se conserva en Taunton; y otro cáliz, descubierto en Glastonbury por revelación y que está en manos de un particular".

No obstante la discusión parece reducirse según los especialistas a dos griales: el conservado en Génova y el que se venera en Valencia. En cuanto al italiano, conocido como *Sacro Catino*, se conserva en la Catedral de Génova, a donde llegó con los cruzados en el año 1101. Se trata de un recipiente de vidrio verde de aproximadamente 40 centímetros de diámetro que formaba parte del botín obtenido durante el saqueo de Cesarea.

Por su parte, el grial español que más indicios de autenticidad tiene es el conservado en la Catedral de Valencia. Eslava Galán resume escuetamente su historia: "Al parecer fue el Papa Sixto II, en el siglo III, el que confió este cáliz de la Santa Cena a su diácono Lorenzo, que a su vez lo envió a su Huesca natal. Cuando los musulmanes invadieron España, el obispo Auduberto ocultó la preciada reliquia en el Monasterio de San Juan de la Peña. Está probado que en 1134 los monjes poseían, en efecto, un cáliz de piedra. Este cáliz pasó en 1399 a Martín el Humano, que lo depositó en la Aljafería de Zaragoza y durante el reinado de Alfonso el Magnánimo fue a parar a la Catedral de Valencia". Esta pieza llegaría a España en torno al año 260, permaneciendo en Huesca por espacio de unos 500 años hasta que en el 713 el obispo Auduberto lo llevó hasta una cueva del monte Pano habitada por un eremita, donde se construiría el Monasterio aragonés de San Juan de la Peña, localizado a unos pocos kilómetros de Jaca y documentalmente presente allí desde el 12 diciembre de 1134, cuando aún no se habían escrito las grandes obras medievales sobre el graal. De allí pasaría a su ubicación actual en marzo del año 1437, llevando ya consigo la creencia de que con él se había celebrado la Última Cena.

Físicamente es un vaso de ágata, semiesférica y de color rojo oscuro, con diámetro de 9 centímetros, que ha sido engarzado a una estructura de oro que le proporciona dos asas y gracias a la cual alcanza los 17 centímetros de altura. Al parecer los estudios arqueológicos han demostrado que la pieza principal fue labrada en un taller de Palestina o Egipto entre el siglo IV a.C. y la época en la que se desarrollan los hechos evangélicos, por lo que arqueológicamente puede haber estado perfectamente en manos de Jesús. Desde luego que no se trata de una esmeralda tallada, ni de ninguna otra piedra caída del cielo.

Al igual que ocurre con otras piezas candidatas a ser "la auténtica", los defensores de dicha posibilidad argumentan que los datos del *Percival* de Wolfram von Eschenbach encajan con los personajes y escenarios que rodeaban Aragón siglos atrás, estableciendo que el concepto de *lapsit exillis* ya comentado, hace referencia a una inscripción árabe que tiene el cáliz valenciano que dice *Al-labsit as-silis.* Uno de los últimos autores en aproximarse al misterio del Grial y relacionarlo con el Santo Cáliz de Valencia ha sido el alemán Michael Hesemann, para quien el Rey del Grial, de nombre Anfortas, no es otro que Alfonso el Batallador, el monarca que herido de muerte murió casi dos meses después en el citado monasterio transformándose en la literatura en el *Rey Herido*. Por su parte *Perceval* sería un caballero de Alfonso I, el conde Val Perche, y el *Muntsalvach* o *Monte de la Salvación* sería o el propio monasterio, o casi deductivamente, Montserrat. Precisamente aquí, en Montserrat, pensaron los nazis por su cuenta que se escondía el Grial. No en vano el 23 de octubre de 1940 Himmler visitó el monasterio interesándose por el asunto, saliendo decepcionado por la ausencia de documentos al respecto. Años antes fue el oscuro Otto Rahn, hombre clave de la SS y del esoterismo hitleriano quien intentó localizarlo en Montségur, el último bastión de los cátaros en el Languedoc francés caído en el año 1243, a donde se supone llegó de manos de los templarios. Veamos, Eschenbach denomina en su obra a los caballeros del grial con el nombre de *Templiesen*, llevando en sus vestimentas cruces rojas sobre piezas blancas, descripción que a todas luces alude a los templarios. Pero, ¿existen evidencias de que éstos poseyeron algo asimilable al Grial? Ciertamente no se puede asegurar que así haya sido, pero los templarios sin duda conocían la tradición de los recipientes mágicos, tanto los mitos célticos, como la tradición cristiana o la de la propia copa sufí de *Jamshîd*. La historia más heterodoxa afirma que lo encontraron en Jerusalén y por alguna razón terminaron entregándoselo a los cátaros, quienes lo custodiaron en Montségur hasta que su inaccesible fortaleza fue conquistada el 16 de marzo de 1244 tras diez meses de asedio. Poco antes el grial fue sacado de allí por cuatro cátaros, que lo pusieron a salvo junto al resto de su desconocido tesoro, pasando supuestamente a Montserrat, o bien de forma bastante improbable a San Juan de la Peña. Una vez más, mito y realidad hacen ciertamente complejo desvelar la verdad sobre tan singular objeto.

En esta representación de San Juan Evangelista, el apóstol sostiene una extraña copa. En los Evangelios sólo se habla del Grial, y no con este nombre, en la Última Cena.

Detalle de la copa, tal vez el Grial, de la que sale curiosamente un dragón.

Idealización del Grial custodiado por ángeles. Según la mitología druida, surgió de una esmeralda de la frente de Lucifer.

Para algunos investigadores, el Grial estuvo en manos de los templarios y de ellos pasó a los cátaros, incluso dicen que llegó a las manos de Hitler.

Otto Rahn, hombre clave de las SS y el esoterísmo hitleriano, buscó el Grial para los nazis en Montségur, fortaleza cátara.

El Grial ha sido imaginado de múltiples maneras. Han llegado a contabilizarse cerca de una veintena de griales que se dicen auténticos.

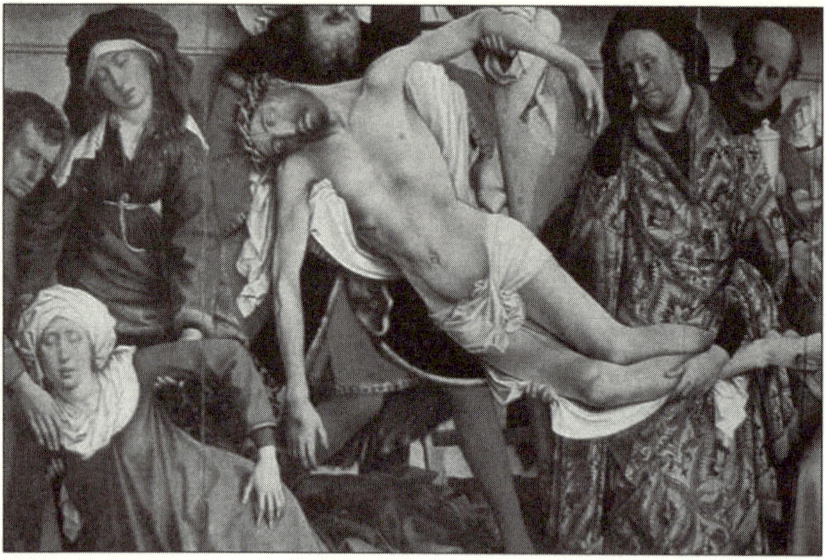

La clave cristiana del Santo Grial está en recoger con él la sangre de Cristo. Con este acto, el objeto quedó definitivamente consagrado.

Capítulo 3

EL DILUVIO UNIVERSAL

El recuerdo de un pasado catastrófico

"Y dijo Dios a Noé: –He decidido acabar con todos los seres vivos, pues la tierra está llena de violencia por culpa de ellos, y los voy a suprimir de la tierra. En cuanto a ti, construye un arca de madera de ciprés; en el arca dispondrás celditas, y la recubrirás con brea por dentro y por fuera. La construirás de la siguiente manera: tendrá ciento cincuenta metros de largo, veinticinco metros de ancho y quince metros de alto. Le pondrás un techo, dejando medio metro entre la parte superior de los costados y el techo. Pondrás la puerta del arca en un costado y harás un primer piso, un segundo y un tercero–". (Génesis 13-16)

Para aquéllos que postulan que la tradición cristiana se nutrió principalmente con elementos pertenecientes a otras culturas, el mito del Diluvio Universal y la saga de Noé constituye el mejor de los argumentos. Y es que no existe otra narración en la *Biblia* que se encuentre tan ampliamente difundida en los mitos de otras religiones como la de la gran inundación, un catastrófico acontecimiento provocado en la mayoría de las versiones por las potencias divinas, del que apenas lograron sobrevivir unos pocos elegidos. Y si bien la ciencia nos puede brindar hoy en día argumentos más que suficientes para certificar la veracidad de grandes cataclismos en la antigüedad cuyo recuerdo pudiera haberse transmitido a través de estos mitos, no deja de ser harina de otro costal el intentar demostrar que personajes como Noé, o instrumentos como su gran embarcación, existiesen realmente. En este capítulo el lector podrá comprobar que existen variadas referencias a Noés en la tradición mesopotámica, hindú, azteca, maya, japonesa, china, australiana o norteamericana, lo que nos pone sobre la pista de un hipotético acontecimiento real. Igualmente y casi de forma anecdótica, asistiremos a los intentos por demostrar que el Noé bíblico no sólo existió como tal, sino que incluso su embarcación se conserva en las inaccesibles cumbres del monte Ararat.

Cuarenta días de lluvia

El Diluvio es uno de los mitos universales por excelencia, un pasaje de la historia de la humanidad casi arquetípico que se ha registrado con sus pertinentes variantes hasta en reducidas comunidades. Y hasta cierto punto es lógico que así sea, dado lo relativo que puede ser el concepto de "universal" para una cultura determinada. Desde este punto de vista es comprensible que una época de fuertes inundaciones localizadas en un territorio muy concreto, en el que se asienta por ejemplo una tribu de indios apaches, sea tomada como un diluvio universal, un episodio destructivo interpretado tal vez en clave de castigo divino al menos para su universo. El arqueólogo bíblico Hans Einsle resume el problema en la siguiente pregunta "¿quedó antiguamente cubierta la tierra por un solo y enorme diluvio, del que cada pueblo informó según sus propias observaciones, o hubo más bien varias catástrofes provocadas por grandes inundaciones, una de las cuales se convirtió en el objeto del informe?", respondiéndose a medida que analiza el problema "el autor del informe bíblico sólo veía su propio país, su círculo vital. De mismo modo que un escritor anterior al descubrimiento de América, no podía escribir sobre el Nuevo Mundo, el escritor bíblico tampoco pudo decir nada sobre países situados mucho más allá de su propio horizonte espiritual". En todo caso, se rastrea en muchas de estas historia ciertos elementos comunes que han llamado la atención de los especialistas en mitología comparada, elementos que invitan a pensar en posibles cataclismos que afectaron mediante inundaciones, más que lluvias propiamente dichas, a bastas regiones del planeta.

El relato bíblico narrado en el *Génesis* nos cuenta la historia de un Noé bastante longevo, con nada menos que 600 años, que recibe el encargo de Yavé de construir una embarcación con tres plantas, de trescientos codos de largo, por cincuenta codos de ancho y otros treinta de alto. Lo cierto es que este episodio bíblico tiene una redacción muy extraña, con repeticiones de párrafos en los que cambian algunos datos, como

si se tratara de dos versiones superpuestas que el redactor no unificó en una sola, sino que simplemente las intercaló.
Noé y su familia han sido los elegidos en el *Génesis* para salvarse de una inminente destrucción de la humanidad, motivada por la maldad que emanaba del hombre, cuyo corazón "era puro mal de continuo". Tras embarcar provisiones y a una pareja "de cada especie de aves, de cada especie de ganados, de cada especie de reptiles entrarán contigo sendas parejas para sobrevivir", comenzaron las lluvias, durante cuarenta días y cuarenta noches. "Crecieron las aguas y levantaron el arca, que se alzó de encima de la tierra. Subió el nivel de las aguas y crecieron mucho sobre la tierra, mientras el arca flotaba sobre la superficie de las aguas. Subió el nivel de las aguas mucho, muchísimo sobre la tierra, y quedaron cubiertos los montes más altos que hay debajo del cielo. Quince codos por encima subió el nivel de las aguas, quedando cubiertos los montes". Como es de suponer, y el pasaje bíblico lo explica, el exterminio fue absoluto y las aguas cubrieron la tierra por espacio de ciento cincuenta días, menguando poco a poco por designio de Yavé hasta que el arca con todos sus tripulantes varó sobre los montes de Ararat. Unos cuatro meses después y tras comprobar con la prueba de la paloma, que retornó al arca con una rama de olivo, que la tierra se había secado, descendieron del arca todos sus tripulantes con la misión de repoblar el planeta y la promesa de Yavé de que "Nunca más volveré a maldecir el suelo por causa del hombre, porque las trazas del corazón humano son malas desde su niñez, ni volveré a herir a todo ser viviente como lo he hecho".

El Diluvio de Utnapishtim

La inmensa mayoría de los historiadores aceptan que el relato bíblico de Noé es una versión o copia casi literal del diluvio narrado en la Epopeya de Gilgamesh, un importante héroe de la cultura sumeria que se tiene por fundador de la ciudad mesopotámica de Uruk, la actual

Al Warka. Sin embargo esto no fue siempre así, ya que la existencia de esta primera versión de los hechos diluvianos no fue conocida hasta bien entrada la segunda mitad del siglo XIX. Fue el descubrimiento y desciframiento de las más de 30.000 tablillas de arcilla, con caracteres cuineiformes desenterradas en las excavaciones de la ciudad de Nínive, Babilonia y Nippur las que pusieron al descubierto el hipotético plagio cristiano. Datadas en su mayor parte en unos 3.000-3.500 años de antigüedad, se estima que la información que contienen se haya a medio camino entre el II y el III milenio antes de Cristo, es decir, que muy bien podrían referirse a historias transmitidas por tradición oral con 5.000 años de antigüedad. Una docena de éstas tablillas narran la historia del mítico Gilgamesh, un heroico personaje que se ve envuelto en una trama que le lleva en busca del secreto de la eterna juventud, que finalmente resulta ser una planta que algunos identifican con una rosa que se haya oculta en el fondo del mar. Existen varias versiones de la historia correspondientes a épocas diferentes, con detalles sobre devaneos amorosos entre dioses y humanos, principalmente de la diosa Ishtar, pero los pasajes que aquí nos interesan son los relativos a una gran inundación en la que el protagonista no es nuestro héroe, sino otro personaje que responde al nombre de Utnapishtim (o Ziusudra en otra de las versiones). El viejo sabio le cuenta a Gilgamesh cómo los dioses le salvaron a él y a su familia de sucumbir ante un terrible diluvio que arrojaron sobre los hombres, un castigo en toda regla que Utnapishtim y los suyos pudieron evitar gracias a que los dioses le advirtieron de lo que iba a suceder, dándole además las indicaciones apropiadas para que construyera un arca de madera.

"El quinto día tracé el plano. El suelo estaba sobre Iku. Sus lados tenían 10 gar de altura, cada borde de su cuadrado medía diez gar. Delineé su forma exterior y les di forma juntos dividiéndolos en siete y el plano del suelo lo dividí en nueve partes. Vertí seis *sar* de brea en los calderos..."

Unos ciento cincuenta metros de longitud, veinticinco metros de anchura y quince metros de altura, con siete pisos y nueve estancias en cada uno.

Por indicación divina el arca había sido convenientemente cubierta de brea y en la misma habían entrado una pareja de cada animal: "Cargué todo lo que tenía de simientes de vida. Llevé a la nave a toda mi familia y parientes. Animales salvajes, animales domesticados, llevé arriba a todos los obreros. Entre a la nave y cerré la puerta" (...) "Mugía el viento del sur, mugían las aguas, las aguas llegaban ya a las montañas, las aguas caían sobre todas las gentes. Seis días y seis noches cayó lluvia como una cascada. Al séptimo día del diluvio se calmó. Se hizo el silencio, como después de una batalla. El mar se tranquilizó y la desastrosa tempestad cesó. Contemplé el tiempo que se había calmado. Todos los hombres estaban cubiertos de fango".

La embarcación se detiene sobre el monte Nisir –que algunos localizan en la misma cordillera del Ararat, otros al sur de Ninive, y muchos en la imaginación del autor de la epopeya– y tras unos días esperando la calma comienza la suelta de aves como verificación de que la tierra ya era habitable. Primero una paloma, luego una golondrina, que regresaron por no encontrar donde posarse, y finalmente un cuervo que no retornó al arca. Curiosamente la lista de reyes sumerios se cuenta en monarcas de antes y después del diluvio.

Como vemos, Noé y Utnapishtim (o el monarca Ziusudra) parecen exactamente la misma persona, que se salva del mismo castigo y de la misma manera, aún cuando existan más de 1.500 años de diferencia entre uno y otro, y sus dioses sean diferentes. Autores como el ya citado Einsle insisten en sostener que la tradición cristiana no tomó prestada la historia de las fuentes babilónicas, sino que posiblemente ambas proceden de una tradición anterior que cada pueblo puso por escrito según su propio recuerdo.

Tal vez sea así, pues no debemos olvidar que uno de los bisnietos de Noé, Nimrod, hijo de Kus, que a su vez era hijo de Cam, reinó entre otras ciudades en Babel y fundó Nínive, la tierra de las tablillas cuneiformes.

Causas probables

Descartando la interpretación del castigo divino, ¿cuáles pueden haber sido las causas reales que dieron lugar al mito del diluvio? En los textos se habla de inundaciones, asociadas a fuertes lluvias, pero parece bastante improbable que un fenómeno atmosférico por muy fuerte que pueda ser termine dando lugar a la tradición de un diluvio que acaba con toda la humanidad. Por ello tal vez debamos plantear que el agua que cubrió la tierra no procediera precisamente del cielo, sino de los mares o incluso de los casquetes polares. Ambas posibilidades son compatibles, ya que para la mayor parte de la comunidad científica el mito del diluvio universal pudo haber surgido como el recuerdo de la época en la que terminó la última era glaciar, hace unos 10 ó 12 mil años. Quizá sean unas fechas muy antiguas para relacionarlas con el diluvio, pero nada impide que la tradición se mantuviera durante miles de años o que incluso se dieran inundaciones posteriores. En todo caso hablamos de una subida del nivel de las aguas bastante brusca, recordada como un hecho que se dio en muy poco tiempo y que por ello acabó con todo rastro de vida, a excepción de aquella que pudo ser preservada gracias al aviso divino. ¿Qué pudo provocar algo tan inmediato? ¿Y sí ese "algo" vino precisamente del cielo? En los últimos años son numerosos los científicos –astrónomos, geólogos, historiadores, antropólogos, etc.– que plantean la posibilidad de que las grandes extinciones y saltos evolutivos de la vida se deban al efecto de los impactos de meteoritos o cometas sobre nuestro planeta. Sabemos a ciencia cierta que la Tierra ha sufrido en época prehistórica al menos cinco grandes extinciones masivas, de entre las cuales la más conocida es la que terminó con los dinosaurios. Para todas ellas existen pruebas suficientes como para afirmar que fueron el fruto del impacto de grandes meteoritos, que provocaron toda suerte de cataclismos, desde terremotos a incendios masivos, pasando por inundaciones y fenómenos como el del efecto invernadero a consecuencia de la gran cantidad de material –polvo, humo, vapor de agua– que lanzaron a la atmósfera.

Para los expertos este tipo de episodios se han seguido produciendo prácticamente hasta nuestros días, y cada cierto tiempo se encuentran nuevas evidencias que refuerzan esta hipótesis, hallando en esos impactos cósmicos el final de algunas civilizaciones como el Imperio Accadio o la cultura del Valle del Indo, y la explicación a narraciones como la de Sodoma y Gomorra. Es bastante probable que el rápido deshielo de los casquetes que cubrían buena parte del planeta durante la última era glaciar fuera provocado por el impacto de asteroides, que a los ojos de nuestros antepasados sería interpretado como auténticos castigos enviados desde los cielos por los dioses. Tanto si la historia del diluvio tiene su origen en la época glaciar como sí es posterior y se reduce a tal vez 5.000 ó 6.000 años de antigüedad, la hipótesis de la inundación provocada por la caída de meteoritos es válida.

Los diluvios bíblico y babilónico es posible que ocurrieran en la cuenca del Éufrates y el Tigris, ya que aunque no entraremos en detalle sobre ello los hallazgos de depósitos materiales arcillosos que apuntan a esa posibilidad son muy abundantes. El último estudio destacable lo realizaron Bill Ryan y Walter Pitman, de la Universidad de Columbia, quienes descubrieron un catastrófico desbordamiento del Mar Negro hacia el año 5600 a.C., provocado por la llegada masiva de agua procedente del Mediterráneo. Pero no fueron los únicos diluvios.

Otros Noés

Aunque el espacio escasea en estas páginas tanto como debió de hacerlo dentro del arca, conviene que brevemente reseñemos otras tradiciones diluvianas presentes a lo largo del planeta. En opinión de Einsle, "conocemos hasta el momento no menos de sesenta y ocho informes sobre diluvios, de los que treinta y siete proceden de América, trece de Asia, cuatro de Europa, cinco de África y nueve de Australia y los mares del Sur", mientras que para autores como Christopher Knight y Robert Lomas "hay cientos de esas leyendas en cada continente".

En la India se cuenta la historia de Manu, el primer hombre, quien mientras se lavaba la cara encontró un pez adivino en el cuenco que estaba usando. El pescado, que no era otro que el dios Vishnú transformado, le propuso que si Manu lo cuidaba, le diría como salvarse de un gran diluvio que azotaría la tierra, de tal manera que el hombre aceptó el trato y cuidó del pez hasta que este creció y encontró su hogar en el mar. Llegado el momento del diluvio el pez indicó a Manu que construyera un barco, y una vez hecho comenzó a llover hasta cubrirse toda la tierra. Atado al pez, la embarcación llegó una vez finalizado el diluvio a la cima de una montaña.

Entre los aztecas precolombinos se cuenta la historia de Tata y Nena, una pareja de indígenas que se salvaron de un diluvio provocado por el dios del agua Tláloc, quien cansado de la maldad del hombre quiso borrarlos de la faz de la tierra. Los hechos ocurrieron durante la Era del Cuarto Sol, y el propio Tláloc fue quien avisó a la pareja del castigo que iba a enviar, así como de la forma en la que se podían salvar: vaciando un tronco de un árbol y llevando consigo dos mazorcas de maíz. En otra versión fue un indio llamado Tapi o Tezpi al que se le apareció el creador del mundo, avisándole del diluvio y que debía construir una embarcación y en ella una casa a la que llevar a su mujer y a una pareja de cada animal. El arca azteca se detuvo en el monte Cohuacán.

Por su parte, los incas peruanos recordaban un diluvio ocurrido en el periodo Pachachama, en el que también la humanidad era depravada y se había olvidado por completo de los dioses. En este caso fueron dos hermanos pastores y sus familias quienes se pusieron a salvo de las lluvias que cayeron durante meses enviadas por Viracocha, gracias a la advertencia de dos llamas. Refugiados dentro de una cueva, situada

en la cima de los Andes, el nivel de las aguas subía y la montaña crecía salvaguardando a nuestros protagonistas, quienes finalizado el diluvio repoblaron la tierra.
En cuantos a los egipcios, también poseen su propio mito diluviano, aunque algo más sangriento. El castigo divino viene de la mano de la diosa Hator, a quien se le fue la mano matando a millones de personas y provocando que su sangre desbordara las aguas del Nilo.
La única manera que tuvo Ra de detenerla fue, por consejo de Thot, emborrachándola con cerveza hasta que se quedó dormida, de tal manera que los humanos supervivientes repoblaron la tierra.
En la rica mitología griega tampoco podía faltar un diluvio, como es lógico, y lo encontramos precisamente en el castigo que Zeus envía a la humanidad por su perniciosa maldad. En este caso es Prometeo quien coloca en un arcón de madera a su hijo humano Deucalión y a la esposa de éste, Pirra, salvándose así de nueve días y nueve noches de lluvias intensas, hasta encallar en lo alto del Monte Parnaso. La tierra se repobló gracias al lanzamiento de piedras por parte de la pareja superviviente, que al caer se convertían en hombres y mujeres.
Por su parte, la tribu norteamericana de los Mojave-apache cuenta una historia en la que sus antepasados pasaron a vivir del interior de la tierra a la superficie, padeciendo un diluvio del que sólo se salvó una niña que los sabios habían colocado previamente en una gran canoa.
En China el héroe es Ta Yü, el fundador de la dinastía Hsia, quien nació milagrosamente del vientre de su padre Kun y construyó desagües por los que se drenaron las aguas que cubrían toda la tierra. Las tradiciones son innumerables y para muchas de ellas, con su localización precisa, se han localizado indicios que sugieren que realmente se refieren a un cataclismo local o global sucedido miles de años atrás.

El arca en el monte Ararat

Finalmente y aunque para muchos apenas sea un mito que recuerda una época de grandes inundaciones, la creencia de que los restos del Arca de Noé se encuentran en la cima del monte Ararat ha generado en el último siglo todo tipo de especulaciones. Algunas fotografías, trozos de madera y diversos testimonios pretenden reforzar dicha posibilidad.

El Ararat –o los Ararat, el grande de 5.166 m y el pequeño de 4.030 m– se encuentra dentro de las actuales fronteras de Turquía, formando parte de una cadena montañosa que se extiende hacia Armenia e Irán, regiones donde la arqueología ha demostrado que existían asentamientos humanos desde hace 5000 años. El caso es que la creencia de que en su cima estaba el arca bíblica, los turcos la conocen como "la montaña del arca", llegó a ser recogida por historiadores como el griego Beroso en el siglo III a.C. aunque en este caso se refería a un diluvio caldeo, asegurando que "Todavía quedan restos del barco varado en Armenia. Según los habitantes de la zona, el betún extraído de ellos elimina el mal y muchos lo utilizan como talismán". Pero no sería hasta mediados del siglo XIX cuando comienzan a llegar expediciones hasta esta remota región del planeta, expediciones que aseguran encuentran una embarcación bajo el hielo del monte. El tiempo pasa y es en el año 1916 cuando un aviador ruso, Wladimir Roskowizky, localiza a unos cuatro mil metros de altitud lo que parece una embarcación enterrada, parte de la cual sobresale del hielo. Esta y otras historias similares vinculadas con la antigua Unión Soviética y el arca son realmente confusas, ya que al parecer el aviador emitió un detallado informe que llegó a manos del zar Nicolás II, quien ordenó que se organizara una expedición que se vería coronada con el éxito, de tal manera que se tomaron medidas, muestras de madera y material gráfico que finalmente "desaparecieron" de la circulación. Es imposible saber sí realmente estos hechos tuvieron lugar, como tampoco sabemos sí es cierto que numerosos aviones sobrevolaron las cumbres del Ararat topándose con la embarcación durante la Segunda Guerra Mundial, pero no hay duda de que en 1960 sería un aviador turco, el mayor S. Kurtis, quien aportaría uno de los testimonios modernos más fidedignos sobre la anomalía del Ararat. Cartografiando la zona descubrió una formación ovalada en los montes Tendürek, en Turquía, situados a menos de 30 kilómetros de las cumbres de Ararat, una formación incrustada en la lava, que una vez analizada a través de las fotografías tenía unas medidas aproximadas de unos 157 metros de largo por 50 de ancho. Esta formación despertó tanto interés que generó una larga serie de expediciones y especulaciones que llevaron al geólogo Salih Bayraktutan, de la Universidad de Ataturk a infomar a comienzo de 1994 que habían localizado finalmente el Arca de Noé. Lo curioso de este objeto situado a unos 2000 metros de altitud, es que no se trata de madera, sino de un fósil con forma y medidas bastante similares a las que pudo tener el arca bíblica.

Pero hay bastantes más pruebas de su existencia. En los años cincuenta el alpinista francés Fernand Navarra afirmó descubrir los restos del arca en un glaciar del Ararat, organizando diversas expediciones y tomando muestras de su madera trabajadas a mano, que datadas por Carbono 14 resultó tener una antigüedad superior a 5.000 años. Finalmente, hace apenas unos años se tuvo conocimiento de que la CIA había ordenado a mediados de la década de los setenta que aviones espía U-2 sobrevolaran las cumbres turcas, con el objetivo de confirmar si dichas formaciones similares a embarcaciones existían verdaderamente. Confirmaron su existencia, pero el misterio de su verdadera naturaleza de mantiene.

Obra de Bassano en la que se representa la entrada de los animales en el arca.

El Diluvio representado por Miguel Ángel en la Capilla Sixtina.

Así vio Doré el episodio del Arca de Noé. La historia del Diluvio Universal se repite en diferentes culturas.

Tablilla de la Epopeya de Gilgamesh. Aquí se narra el Diluvio de Utnapishtim, que tiene múltiples semejanzas con el diluvio bíblico.

Detalle del Diluvio de Miguel Ángel.

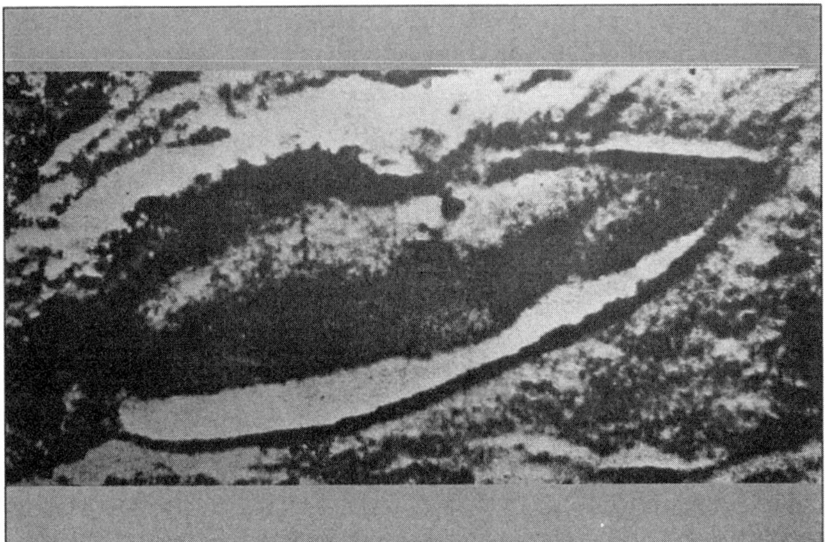

Ésta es la imagen más popular de la llamada "Anomalía del Ararat", la hipotética Arca de Noé, cuya historia se narra en el Antiguo Testamento.

Capítulo 4

LA SÁBANA SANTA Y OTRAS SÍNDONES

El objeto arqueológico más estudiado de todos los tiempos

"Salió, pues, Pedro y el otro discípulo y se dirigieron al sepulcro. Corrían los dos juntos; pero el otro discípulo corrió más rápidamente que Pedro y llegó el primero al sepulcro. E inclinándose para mirar ve los lienzos en el suelo; pero no entró. Luego llega también Simón Pedro, que lo venía siguiendo, y entró en el sepulcro. Y ve los lienzos por el suelo; y el sudario que había envuelto la cabeza de Jesús no estaba por el suelo con los lienzos, sino aparte, enrollado en otro sitio". (Juan 20, 3-7)

La Sábana Santa, también conocida como el "Quinto Evangelio" por considerarse que su estudio ha permitido confirmar y ampliar los pasajes de la pasión y muerte de Jesús narrados en el *Nuevo Testamento*, es con toda probabilidad el objeto arqueológico más estudiado de toda la historia. Y curiosamente, por estar tan íntimamente ligado a una confesión religiosa y representar para muchos una prueba física de una intervención sobrenatural, todos esos estudios científicos continúan siendo duramente cuestionados.

Este misterioso lienzo, también conocido como la síndone, como derivación del término griego *sindon* que significa sábana, se conserva en la Catedral de Turín desde hace unos siglos, tras un largo periplo que teóricamente comienza en Jerusalén tras la resurrección de Jesús y la sitúa entre otras manos en la de reyes, cruzados y templarios. Historia y leyenda se entremezclan en un enigma ligado al poco fiable mundo de las reliquias medievales, en el que durante el siglo XX la ciencia termina por tomar cartas en el asunto, realizando variedad de estudios que entre otras cosas confirmarían la antigüedad del lienzo y el recorrido histórico que se atribuye. Frente a esta posibilidad, una prueba de C-14 realizada en 1988 ofreció un resultado negativo, diametralmente opuesto a lo esperado, arrojando un jarro de agua fría sobre los partidarios de su autenticidad, al datarla en apenas unos siglos –entre el 1260 y el 1390– y por tanto hacer imposible que envolviera el cuerpo de un hombre del siglo I de nuestra era. Como para casi todo en esta vida, para la Sábana Santa hay dos posturas bien delimitadas: la de aquellos que sostienen su autenticidad, y por tanto, su vinculación con Jesús, y la de los que opinan que se trata de una falsificación medieval, postura que curiosamente encuentra su primer argumento en la iglesia francesa de finales del siglo XIV.

El comienzo

La síndone es una larga y estrecha sábana de lino, de 436 cm de largo por apenas 110 cm. de ancho, en la que teóricamente fue amortajado el cuerpo de un hombre que había muerto violentamente. Como acertadamente apunta Eslava Galán en su aproximación escéptica al tema, El fraude de la Sábana Santa y otras reliquias cristianas,
"se trata de un carrete fotográfico" en el que encontramos plasmado el rastro de un cuerpo humano por sus partes delantera y trasera. "En una mitad de la tela fue depositado el cadáver del crucificado, mientras la otra mitad, retornada sobre la cabeza, le cubrió la parte frontal del cuerpo", asevera el experto español Jorge Manuel Rodríguez Almenar. El hombre presenta los brazos cruzados sobre el abdomen y una talla de 1,80 m, estimándose su peso en unos 80 kilos.
Numerosas manchas de lo que parecen ser sangre y otros fluidos corporales, marcas de agua y fragmentos chamuscados y remendados por el incendio en el que se vio envuelta hace varios siglos, completan la primera descripción visual de un tejido ya amarilleado por el paso del tiempo. Esta pieza de tela contiene al menos dos tipos de impresión: por un lado la dejada por las citadas manchas y por contacto directo entre el cuerpo y el tejido, distribuidas de forma aparentemente aleatoria pero anatómicamente precisas; y por el otro la gran marca que abarca todo el tejido y que es la que dibuja la imagen del hombre. En este

segundo caso estamos ante una impresión fruto de una leve quemadura, cuyo mecanismo se desconoce y cuya intensidad es variable dando tridimensionalidad a la misma, tal y como argumentan los partidarios de su autenticidad.

La Sábana Santa cuenta con su propia disciplina, la *Sindonología*, creada exclusivamente para el estudio de este objeto, y según los críticos, para reunir y forzar todos tipo de estudios que avalen la autenticidad de la reliquia y su vinculación con la figura de Jesús. En este punto es preciso matizar que los sindonólogos insisten una y otra vez en que sus estudios no demuestran que la Sábana Santa sirviera para amortajar el cuerpo de Jesús tras su crucifixión y cubrirle en el sepulcro hasta el momento de la resurrección. Por el contrario y para desconcierto de los escépticos, los sindonólogos precisan que sus investigaciones tan solo demuestran que el tejido es del siglo primero de nuestra era, que fue utilizado para envolver el cuerpo de un hombre crucificado tras ser sometido a un duro castigo, y que posteriormente el tejido sufrió algún tipo de radiación desconocida que grabó fotográficamente el cuerpo de dicho hombre en el lienzo, posiblemente mientras se encontraba carente de gravedad, es decir, flotando en el aire. La lógica de esta disciplina es por tanto clara: la síndone es contemporánea de Jesús, envolvió el cuerpo de un hombre cuyo castigo encaja con el que los evangelios dicen que sufrió Jesús, y además de morir crucificado como éste, el cuerpo que envolvió este enigmático lienzo chamuscó con radiación la tela mientras se encontraba levitando, ¿los efectos de la resurrección tal vez?

Rastreando su pista

Dejando a un lado los matices del lenguaje, lo cierto es que uno de los principales problemas de la Sábana Santa es establecer fielmente el recorrido histórico desde su supuesta utilización en el siglo I, hasta su documentada aparición en el siglo XIV. Y en este sentido es necesario señalar que a ningún objeto arqueológico se le ha sometido a una fiscalización tan dura como al que nos ocupa. El recorrido de la síndone comenzaría en Jerusalén, desde donde fue llevada poco después de la muerte de Jesús ante el rey Abgar V, en Edesa (Siria), con certeza antes del año 50 d.C. La leyenda cuenta en sus dos versiones que estando gravemente enfermo el rey Abgar le escribió una carta a Jesús rogándole que le curara, misiva a la que éste contestó por escrito –de puño y letra o a través de un discípulo, según la versión– acompañándola con un retrato del mismísimo Jesús que llevó uno de sus discípulos, Tadeo, ante cuya visión Adgar V sanó instantáneamente convirtiéndose al cristianismo. A partir de ese momento aquel retrato milagroso sería venerado por toda la población en un lugar privilegiado de la ciudad, pasando a la historia como el "Mandylión de Edesa". Relacionar los lienzos del sepulcro con este *mandylión* (sudario, en siríaco) fue idea del historiador Ian Wilson, quien asegura que tras la muerte del hijo y sucesor de Abgar V, el rey Mâun, el preciado regalo fue ocultado para evitar su destrucción en una muralla de la ciudad, quedando nuevamente al descubierto en el año 525 tras una riada. A partir de ese instante volvería a ser expuesto, obrando milagros como el fechado en el año 544 durante un ataque de los persas sobre la ciudad, cuando avivó un fuego y les obligó a retirarse. Los críticos observan que la historia ha podido constatar que realmente Edesa se convirtió al cristianismo en tiempos de Abgar IX, a comienzos del siglo III, por lo que toda la tradición no sería más que una leyenda.

El siguiente gran acontecimiento propuesto por Wilson fue el imperial traslado del Mandylión a Constantinopla, ocurrido el 16 de agosto del año 944, donde con todos los honores fue depositado junto a las cartas de Jesús y Abgar V en la iglesia de Santa Sofía. A partir de ese momento se descubriría que el retrato era realmente la síndone, que convenientemente plegada sólo mostraba la cara del hombre de la sábana. Y allí permaneció durante más de dos siglos, inspirando según el propio Wilson y otros partidarios de su hipótesis a los artistas bizantinos, quienes al representar el rostro de Jesús lo hicieron con un estilo propio que al parecer surgió de la observación directa de la reliquia conservada en Turín. Sólo así se explicaría, por ejemplo, la barba bifurcada, los pómulos y ojos acentuados, la ceja derecha elevada, una zona sin pelo entre el labio inferior y la barba, la aleta izquierda de la nariz engrandecida, así como rayas, arrugas, mechones de pelo, etc. Para los sindonólogos, los retratistas intentaban ser lo más realistas posibles y copiaban todo aquello que veían en la sábana, convirtiendo manchas de sangre en mechones de pelo, y las sombras de la síndone en rasgos faciales acentuados. Los datos anteriores se reforzarían con una observación cuando menos peculiar. La cruz rusa, llevada por los bizantinos, cuenta con un travesaño a la altura de los pies ligeramente inclinado, que sugiere que Jesús era cojo. La presencia de esta disfunción en el Hijo de Dios sólo se explicaría con cierta lógica si los artistas hubieran visto la síndone al completo, donde las manchas de sangre en los pies hacen que parezcan de diferente tamaño.

De las cruzadas a nuestros días

Siguiendo la línea trazada entre el Mandylión y la Sábana Santa –hipótesis que es rechazada por los escépticos, quienes aseguran que se trata de dos cosas diferentes, el primero un retrato revestido de leyenda y el segundo una burda falsificación– una nueva referencia la sitúa en el año 1000 en un catálogo de reliquias de Constantinopla, cayendo en manos de los saqueadores de la IV Cruzada en el año 1204. El cronista de esta cruzada, Robert de Clery, señala en su *Toma de Constantinopla* que: "Había otro monasterio que se llamaba Santa María de Blanquerna donde estaba la síndone en la que nuestro Señor fue envuelto. Sobre cada uno de los lados aparecía como si estuviera de pie, de manera que se podía ver perfectamente la figura de Nuestro Señor". En esta reseña estamos ya ante una figura completa y no frente a la representación del rostro atribuida al Mandylión tradicionalmente. ¿Se trata del mismo objeto? Los sindonólogos afirman que sí. La siguiente referencia fidedigna, y la primera de todas para los partidarios del origen medieval de la reliquia y por tanto de su patente de falsificación, la encontramos entre los años 1353 y 1356, en la ciudad francesa de Lirey y en manos de Geoffrey de Charney, un oscuro personaje que se creé fue hijo de Geofredo de Charny, el templario que murió en la hoguera junto al gran maestre Jacques de Molay en 1314.

En 1389 el hijo de Geoffrey cobraba por exhibir la reliquia atrayendo a gran número de peregrinos, situación no autorizada por el Obispo de Troyes, Pierre d'Arcis, quien resentido según los defensores de la autenticidad del objeto, o bien movido por la ética según los partidarios de la hipótesis de su falsificación, dirigió una carta al Papa Clemente VII denunciando el negocio y la falsedad de la tela: "muchos teólogos y otras personas inteligentes declararon que ese no podía ser el verdadero sudario de Nuestro Señor, en el que está impreso el retrato del Salvador, ya que el Santo Evangelio no menciona impresión semejante; mientras que, de ser verdadero, es improbable que los santos evangelistas hubiesen omitido registrarlo, o que el hecho hubiera permanecido oculto hasta el presente. Finalmente, después de diligentes investigaciones y búsquedas, descubrió el fraude y cómo dicho lienzo había sido astutamente pintado, siendo atestiguada la verdad por un artista que habría realizado la tarea; a saber, que se trataba de un trabajo de humana habilidad y no elaborado milagrosamente". P. Guirao, de cuya obra *El enigma de la Sábana Santa* hemos extraído el párrafo anterior, precisa que el citado estudio lo habría realizado el antecesor de d'Arcis en el cargo de Obispo, Henri de Poitiers, con la ayuda de un sínodo organizado al efecto. Curiosamente se proclamó la falsedad de la reliquia, pero el Papa autorizó su veneración, que se mantuvo durante más de medio siglo, tras lo cual y en medio de diversas vicisitudes los clérigos de Lirey perdieron para siempre la propiedad de la sábana, que terminó en manos de Marguerite de Charney, nieta de Geoffrey. En 1453 se la cedió o vendió al duque de Saboya Luis I, quién además de colocarla en un relicario de plata, le construyó su propia capilla, la Sainte Chapelle, en Chambéry, donde permaneció hasta el año 1578. Fue aquí donde en diciembre de 1532 un incendio fundió la plata del cofre en el que estaba doblada la sábana, goteando sobre el tejido y quemándolo por cuarenta y ocho lugares, quedando las huellas del incidente en las marcas del agua y en los hábiles remiendos a la que fue sometida por las monjas de Santa Clara dos años después. Finalmente en el año 1578 la síndone viajó a su destino final, la Catedral de Turín, por deseo de la Casa de Saboya que había traslado su corte a esta ciudad, quienes autorizaron diversas exposiciones públicas cediéndosela finalmente a la Santa Sede en el año 1983, siguiendo la voluntad del último rey de Italia y propietario, Humberto II.

La mayor de las sorpresas

Es bastante probable que la fama de la Sábana Santa se hubiese diluido con el paso de los años de no ser por el providencial descubrimiento del abogado turinés Secondo Pía, quien en 1898 obtuvo permiso de Humberto I para tomar unas fotografías. La sesión se llevó a cabo el 28 de mayo durante la exposición pública de la reliquia, conocidas como *ostensión*, descubriendo en el revelado una imagen perfecta de un cuerpo humano plasmado de frente y de espaldas y unido por la cabeza. Descubrió que sus "negativos fotográficos" eran realmente unos "positivos", que permitían ver nítidamente grabados los rasgos de un hombre que, al igual que él, muchos pensaron que era el mismísimo Jesús. El sindonólogo John Walsh recreó detalladamente la escena: "La imagen formada por manchas, difusas, planas en la reliquia, ahora se destacaba como el retrato de un cuerpo real, con los contornos indicados por una refinada degradación de los matices. El rostro, tan extraño como se lo veía en la tela, se había convertido en el retrato reconocible y armonioso de un hombre de barba y cabello largo. Las emociones congeladas en la muerte emanaban en las facciones. El semblante expresaba una gran paciencia, una noble resignación".

Las fotografías dieron la vuelta al mundo y convirtieron a la síndone en la reliquia más popular de todos los tiempos, comenzando así un largo periplo de investigaciones científicas, todas ellas discutidas, aunque no pulcramente rebatidas por los escépticos. Entre ellas destaca por lo reiteradamente divulgada la realizada durante la década de los 70 por los norteamericanos John Jackson y Eric Jumper, vinculados a la Fuerza Aérea de EEUU, quienes procesando fotografías con el analizador de imágenes VP-8 reconstruyeron la imagen de la síndone en tres dimensiones. El estudio ha sido duramente cuestionado, en especial porque para obtener el espectacular resultado los físicos y fervientes creyentes Jackson y Jumper, tuvieron que realizar demasiados y complicados ajustes que en cualquier otro caso hubieran deslegitimado el experimento. De hecho años después el experimento ha sido repetido en varias ocasiones con resultados desalentadores, ya que el rostro obtenido continuaba siendo plano.

Otro hito en la historia moderna de la síndone fue el protagonizdo por el equipo norteamericano STURP (*Shroud of Turin Research Project* o Proyecto de Investigación sobre la síndone de Turín), que realizó el más completo y multidisciplinar análisis del Sudario hecho hasta el momento, en octubre de 1978. También en este caso se alzaron voces críticas que denunciaron el hecho de que de los 40 especialistas convocados, 39 eran fervientes partidarios de la autenticidad, mientras que el único crítico fue expulsado del STURP.

Paradójicamente, diez años después, en 1988, se hicieron públicos los resultados de una prueba que se estimaba concluyente y que hasta ese momento no se había podido realizar: el análisis por Carbono 14. Tres laboratorios –Tucson, Zurich y Oxford– concluyeron que el tejido apenas tenía unos 700 años de antigüedad, todo ello en un proceso no exento de polémicas y contradicciones. Y es que también en el terreno de los escépticos las cosas no parecen estar del todo claras. Desde el mismo instante en el que se dieron a conocer los resultados, se exigieron nuevas pruebas por C-14 con un protocolo más riguroso, aunque hasta el momento no se ha dado ninguna autorización para realizarla.

Los argumentos de la autenticidad

A pesar de todo lo expuesto, la cantidad de literatura existente sobre la Sábana Santa es tal que resulta humanamente imposible resumirla en estas pocas páginas. Prácticamente cada mes surge algún nuevo estudio que se suma al cúmulo de "pruebas" aportadas por los sindonólogos, de tal manera que es prácticamente imposible estar al día sobre el tema sí no se sigue muy de cerca el trabajo de estas organizaciones. De forma muy resumida aquí están algunos de los principales argumentos o singularidades que parecen hacer de la sábana un objeto excepcional, devolviéndole la consideración de *acheropita* (no hecho por mano humana) de la que gozó en la antigüedad:

–El análisis realizado en 1973 por Gilbert Raes, del Instituto de Tecnología Textil de Gante, Bélgica, puso de manifiesto que la sábana es un tejido de lino típico de los telares judíos del siglo I, en el que se detectan fibras de algodón, una planta que era conocida en Palestina en esa época y no en Europa. En contra se esgrime que el mismo sistema se mantuvo hasta la Edad Media, y que por tanto la tela pudo ser importada para elaborar la falsificación.

–El tejido contiene manchas de sangre humana del grupo AB, tal y como estableció Baima Bollone, típico en Oriente Medio, que quedaron grabadas por contacto, algunas sobre heridas que manaron en vida, y otras por fluidos *post morten*. Curiosamente, debajo de las costras no hay imagen de quemadura o chamuscado, lo que implica que la sangre se adhirió primero y después se grabó la imagen.

–La imagen, que a nuestros ojos es una decoloración amarillenta del tejido, sólo afecta a las dos o tres fibras más superficiales del lienzo, dándole profundidad al mismo. De esta manera se ha establecido que es tridimensional al comprobar como la intensidad de la misma varía en función de la distancia que debió existir entre el lienzo y el cuerpo albergado. Esta afirmación de la tridimensionalidad propuesta por los físicos americanos ha sido tachada de manipulación, y según se afirma, la repetición del experimento no ha brindado resultados similares.

–La impronta es resistente al calor, es decir, no se ha modificado por él, así como al agua y diversidad de productos químicos, que no ha podido diluirla ni mucho menos borrarla.

–No se han encontrado rastros de pigmentos, ni la direccionalidad de los trazos de un pincel, por lo que se descarta que sea una pintura.

–Entre 1973 y 1978 Max Frei Sulzer, director del Servicio Científico de la Policía Criminal de Zurich aplicó técnicas de palinología al lienzo, descubriendo 59 especies diferentes de pólenes, que le permitieron reconstruir el itinerario de la síndone desde Jerusalén a Edesa, y desde Constantinopla a Francia e Italia. Años después suavizó notablemente sus primeras afirmaciones asegurando que no eran concluyentes. Los críticos recuerdan con frecuencia el erróneo dictamen de autenticidad que Frei le otorgó a los falsos diarios de Hitler.

–Los análisis realizados por anatomistas han permitido establecer que el hombre de la sabana fue sometido a un duro castigo, y que es altamente improbable que un falsificador medieval fuese capaz de tener en cuenta tantos detalles sobre las localizaciones, formas y direcciones en las que están situadas las heridas y la emanación sanguínea de las mismas. Entre ellas por ejemplo, la correcta ubicación de sangre venosa y arterial, o el recorrido de la misma a través de pliegues y contracciones musculares.

–A pesar de que la iconografía y la tradición nos hablan de una corona de espinas o de los brazos clavados por las palmas de las manos, la síndone deja claro que al hombre de la sábana se le colocó en vida un casco de espinas, y se le crucificó en vida a la altura de las muñecas, por la articulación radio-cubital inferior, como era habitual en este tipo de castigos.

–Sistemáticamente los expertos han podido reconstruir el suplicio por el que pasó el hombre que fue envuelto en la sábana, descubriéndose que fue azotado al menos 120 veces con un típico látigo romano, el *flagellum taxillatum*, que fue herido con una lanza en su costado derecho entre la quinta y la sexta costilla que terminó alcanzando el pulmón derecho, o que, entre otras cosas, las heridas de sus hombros demuestran que no cargó con una cruz, sino con una sola pieza de madera, de unos 50 kilos de peso, conocida como el *patibulum*, que se ajustaba finalmente al palo vertical que formaba la cruz en el lugar de la ejecución.

–La precisión de la llamada *impronta* mediante una fuente de radiación de momento no conocida es tan nítida que incluso se detectan detalles de apenas milímetros. Este es el caso, por ejemplo, del famoso *lepton* romano, una moneda de 15 mm localizada en el ojo derecho del hombre de la sábana y acuñada en tiempos de Poncio Pilatos. El caso es que para los escépticos la presencia de esa presunta moneda es por completo incongruente, entre otras razones porque teóricamente la radiación emanada del cuerpo habría impedido que se grabara.

–Las lesiones se localizan en espalda, vientre, pecho, piernas, brazos, glúteos... con las rodillas castigadas por las caídas, estableciendo los forenses que la causa más probable de la muerte fue una parada cardiorrespiratoria en fibrilación ventricular.

¿Verdadera o falsa?

Conviene, llegados a este punto, sacar algún tipo de conclusión. Si es auténtica, poco más podemos decir, salvo que se trata de un objeto diseñado especialmente por la divinidad para el hombre tecnológico de la era espacial. Un milagro expresado en el lenguaje moderno de la ciencia.

Por el contrario, si es falsa, necesariamente la hemos de contemplar dentro del marco de la fabricación y comercialización de falsas reliquias que tanto esplendor alcanzó en la Edad Media. Naturalmente y no tratándose de una pintura, el hábil falsificador utilizó una técnica novedosa, singular sin duda para la época, desarrollando una protofotografía en la que pudo utilizar un modelo humano. Lo cierto es que la reproducción de estos experimentos mediante elementos y componentes disponibles en la Edad Media ha arrojado resultados muy similares visualmente a los observados en la Sábana Santa, aunque sinceramente muy distantes de todo lo que la *Sindonología* ha conseguido detectar en ésta. Además, hasta el momento no se ha encontrado nada similar a la Sábana Santa, algo extraño si se trata de una falsificación del siglo XIV, época en la que se fabricaron muchas reliquias. ¿Fuerzan los resultados los sindonólogos? ¿encuentran precisamente lo que buscan?, o por el contrario, ¿la posibilidad de que la síndone sea una falsificación medieval es tanto o más improbable que la hipótesis de sus 2.000 años de antigüedad?

Un enfoque original

Uno de los estudios más curiosos de los últimos años ha sido realizado por investigadores españoles, quienes se han introducido en los vericuetos históricos del ritual católico de la Misa intentando encontrar algún tipo

de referencia sobre la síndone. Andrés Brito y Jorge Manuel Rodríguez, miembros del Centro Español de Sindonología son los autores de ese estudio, que lleva por título *La Iglesia, la Síndone y la Fe.*
La hipótesis de trabajo de ambos especialistas sorprende por su sencillez y originalidad, dado que básicamente plantean que mediante una meticulosa observación de los elementos que componen el ritual de la Misa, es posible encontrar la representación de la Sábana Santa, dentro de un contexto simbólico coherente con las creencias cristianas, y quizá lo más importante, rastreable históricamente.

El sentido de la misa y el altar

La utilización de altares para realizar rituales u ofrendas a las divinidades se remonta a los mismos orígenes del hombre, y dentro de la tradición cristiana se hallan numerosas referencias en la *Biblia*, siendo las primeras las relativas a Caín y Abel, y a un agradecido Noé después del diluvio. Según Brito y Rodríguez, "los primitivos altares cristianos fueron simples mesas, como la de San Pedro, que se conserva hoy en la espléndida Basílica de San Juan de Letrán, en Roma. En la actualidad, el altar cristiano sigue siendo mesa, aunque convenientemente consagrada". El altar debe contener reliquias de mártires o santos, como herencia de las misas de los primeros cristianos que se celebraban en las tumbas de los santos, pidiendo su intercesión. A partir del siglo VI las reliquias son llevadas al altar de la iglesia, facilitando el culto, de tal manera que "el altar era, en definitiva, el mismo sepulcro del mártir, y al ampliarse el círculo de los testigos con el de los confesores, pasó a ser sepulcro de sanos en general". Pero, ¿qué tiene que ver todo esto con la Sabana Santa y su posible autenticidad? La respuesta es sencilla. Tal y como se apunta en el citado estudio, desde el siglo III los cristianos comienzan a referirse a la mesa de la Última Cena con el nombre de altar, y si el ritual en sí de la Misa rememora la muerte del primero de los mártires, Cristo, estamos pues simbólicamente ante el propio sepulcro de Jesús, "la losa sepulcral sobre la que se colocó el cuerpo sacrificado del Señor. Y, claro, sobre la que tuvo lugar la resurrección", según Brito y Rodríguez.

Y la clave de todo está en el hecho de que el altar cristiano es el único que se ha de cubrir obligatoriamente con un mantel, lo que lleva a los autores a una deducción lógica ¿qué otra cosa simboliza en la tipología de la losa sepulcral si no es la Sábana Santa?

Su rastro en la historia

Con este punto de partida, el resto lo hacen ciertas observaciones detalladas del propio ritual y la investigación documental de sus componentes. "El mantel que se coloca sobre el altar –apuntan los estudiosos– guarda aproximadamente las proporciones de la síndone (más largo que ancho y considerablemente extenso). Si el altar no está representando también a la losa del Santo Sepulcro (sobre el que estuvo colocada la síndone como fielmente reflejan los Evangelios), no se entiende a qué viene celebrar el sacramento empleando como altar las tumbas de los mártires en las catacumbas".

Sin embargo, la prueba más valiosa que parece dar peso a esta nueva interpretación, la ofrece en los primeros siglos del cristianismo San Eusebio, pontífice entre los años 309 y 311, quien redactó un decreto bastante esclarecedor referido a la Misa y al mantel, conservado en la *Concordia discordantium canonum* de Graciano, un documento oficial en el que podemos leer lo siguiente:

"Por decisión de todos decretamos que nadie pretenda celebrar el sacrificio del altar sobre un paño de seda o tintado, sino en uno de lino puro consagrado por un obispo, es decir, lino surgido de la tierra, tal y como el cuerpo de N.S. Jesucristo fue sepultado en una Sábana de lino limpia".

Además de establecerse una primitiva relación entre la misa, el altar, el sepulcro, el mantel y la sábana que cubría el cuerpo en el momento de la resurrección, de su lectura se deduce que fue una decisión

comunitaria, y que su simbolismo no era un secreto. "Además, da a entender que en esta época la Sábana era francamente conocida no sólo por aquéllos que redactaron el decreto, sino por los sacerdotes y los fieles a los que iba dirigido", matizan los autores de la hipótesis.
La interesante vía de investigación abierta por estos especialistas cuenta con otra sugerente propuesta, si cabe más atrevida puesto que de momento carece de un texto de apoyo como el de San Eusebio. Y aunque apenas es una posibilidad, ambos expertos se preguntan si la existencia de otros manteles también de lino sobre el altar, pueden ser un vestigio de otros lienzos relacionados con la pasión. Especialmente llamativo resulta el denominado "corporal", antiguamente de mayores dimensiones y sobre el que se coloca la patena y el cáliz (con la carne y la sangre de Cristo) durante la Misa. ¿Podría ser dicho corporal una reminiscencia del Sudario conservado en Oviedo, que cubrió el rostro de Jesús? ¿Qué sentido tiene pues si no es el de simbolizar algo, colocar otro pequeño mantel sobre el primero? Quizá lleven más razón de la que suponemos los autores del estudio cuando escribían que "la Sábana Santa nunca se encontró: siempre ha estado, simbólicamente, colocada sobre el altar cristiano". La investigación sigue abierta.

El pañolón de Oviedo y otras sábanas

El catálogo de sábanas santas es inmenso, y sólo en España los autores Jesús Callejo y Javier Sierra llegaron a contabilizar hasta una treintena, la primera de las cuales parece que llegó a nuestro país precisamente cuando se inició el negocio en Italia allá por el siglo XIV. El caso es que tanto las españolas como las decenas e incluso cientos que se asegura existen en el mundo, han sido pintadas, con mayor o menor destreza, pero pintadas a fin de cuentas. Ninguna se parece para nada a lo que encontramos en la Sábana Santa de Turín, que aunque sólo sea por eso, hemos de considerarla excepcional. Son de los tamaños más diversos, y en todas ellas es fácil comprobar que se trata de pinturas aunque se defienda su autenticidad o carácter *acheropita*, estando algunas contagiadas de divinidad por haber entrado en contacto con la de Turín.

Sin embargo, el conocido como Pañolón o Sudario de Oviedo es un caso aparte, singular sin duda. Se trata de un pedazo de tela de lino con cierto número de manchas conservado como reliquia en la Catedral de Oviedo, y que según la tradición cubrió el rostro de Jesús desde que fue descolgado de la cruz hasta que se le envolvió en la sábana ya en el sepulcro. Se trataría por tanto del sudario citado en el *Evangelio de San Juan*, independiente de la síndone, y con unas dimensiones de 85,5 cm por 52,6 cm, cuya presencia en Oviedo está documentalmente constatada al menos desde el año 1075, fecha de elaboración de un acta del contenido del Arca Santa confeccionada en presencia del rey Alfonso VI y del mismísimo Cid Campeador. Según parece el lienzo se encontraba en el citado Arca desde el siglo I, cuando San Pedro lo guardó junto a numerosos objetos personales de Jesús y otras reliquias. Las persecuciones de los cristianos llevaron al Arca Santa hasta Alejandría, la primera escala de un largo periplo que la haría recalar en el siglo VI en España. Primero a Cartagena, después a Sevilla y para seguir según los expertos españoles del Centro Español de Sindonología hasta Toledo, donde la tradición asegura que permaneció durante casi un siglo hasta finalmente alcanzar Oviedo en la primera mitad del siglo IX. En el año 1075 y tras numerosos oficios religiosos que paliaran las posibles represalias divinas por profanar el Arca, ésta fue abierta e inventariada como ya indicamos antes, realizándose un nuevo inventario a finales del siglo XVI.

El análisis de este lienzo ha llevado a los expertos españoles a defender su autenticidad, es decir, que fue colocado sobre el rostro ensangrentado de Jesús, y su compatibilidad con la Sábana Santa, asegurando haber encontrado numerosas coincidencias entre las manchas de sangre del Sudario y el rostro chamuscado de la síndone, la primera de las cuales es precisamente que las dos son del grupo AB. Incluso el ya citado Frei realizó estudios de polen sobre este tejido localizando partículas de Palestina y el Mediterráneo que confirmarían el itinerario atribuido al mismo. Aseguran que el hombre del sudario tenía barba, bigote y pelo largo, y que las manchas se formaron desde el rostro de un cadáver, siendo extremadamente traumáticas las heridas.

Los escépticos aseguran que las coincidencias entre la Sábana y el Sudario no son totales, y que la prueba del C-14 realizada en el año 1994 datό el sudario en torno al siglo VII después de Cristo, algo que los partidarios de su autenticidad no han logrado explicar convenientemente pero que encaja con los primeros datos fiables históricamente.

En todo caso los expertos españoles han sido extremadamente metódicos en sus estudios –posiblemente han aprendido de los errores cometidos en la investigación de la síndone– proponiendo la realización de una prueba de fuego: el análisis comparativo del ADN de la sangre de ambos tejidos. Si se trata de la misma, estaríamos ante un interrogante científico difícil de resolver, un interrogante que sin lugar a dudas justificaría con creces los denodados esfuerzos de los sindonólogos de todos lo tiempos.

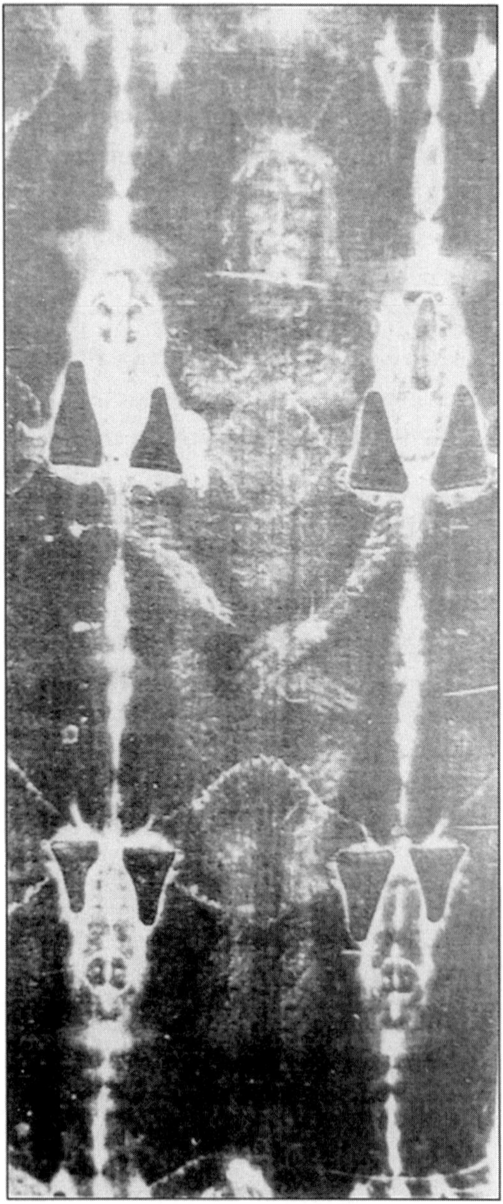

Lo que parecían manchas y quemaduras se revelaron como un negativo fotográfico.

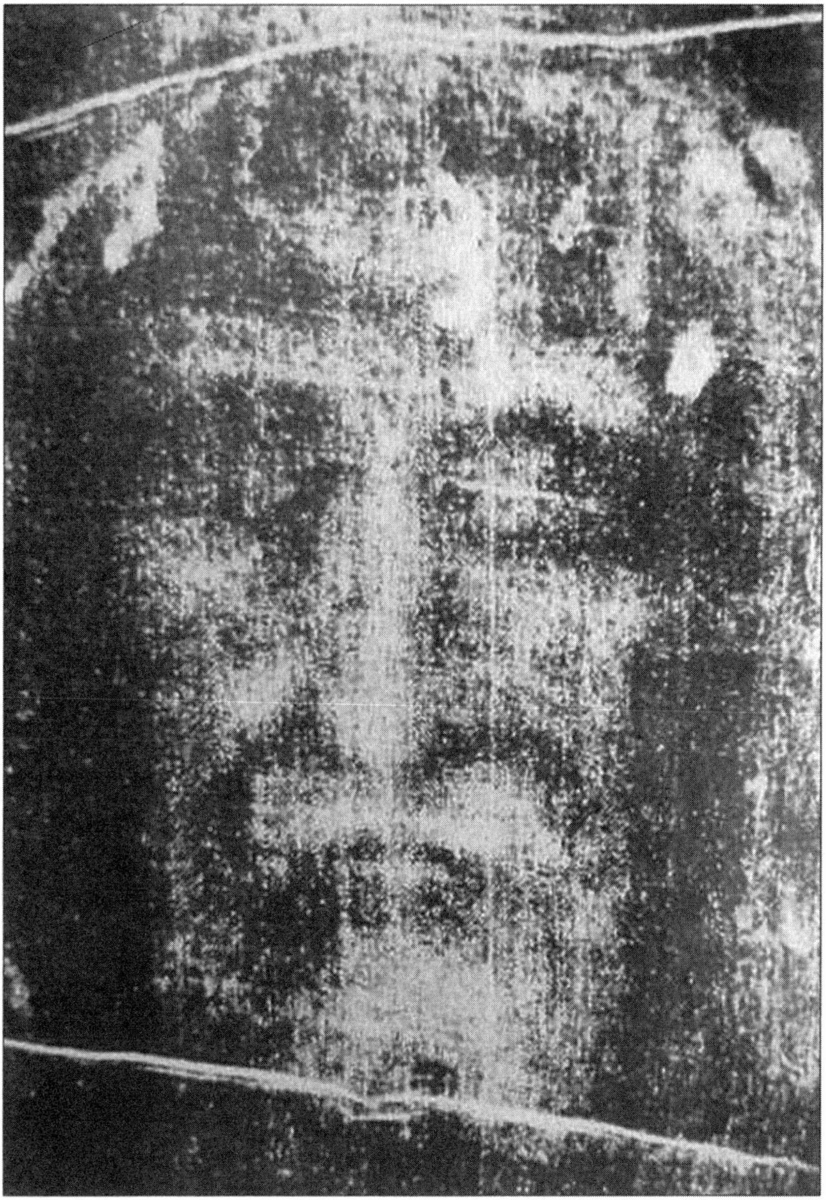

Rostro de la Síndone de Cristo.

El rostro severo del Jesús bizantino estaría inspirado en la visión de la Síndone.

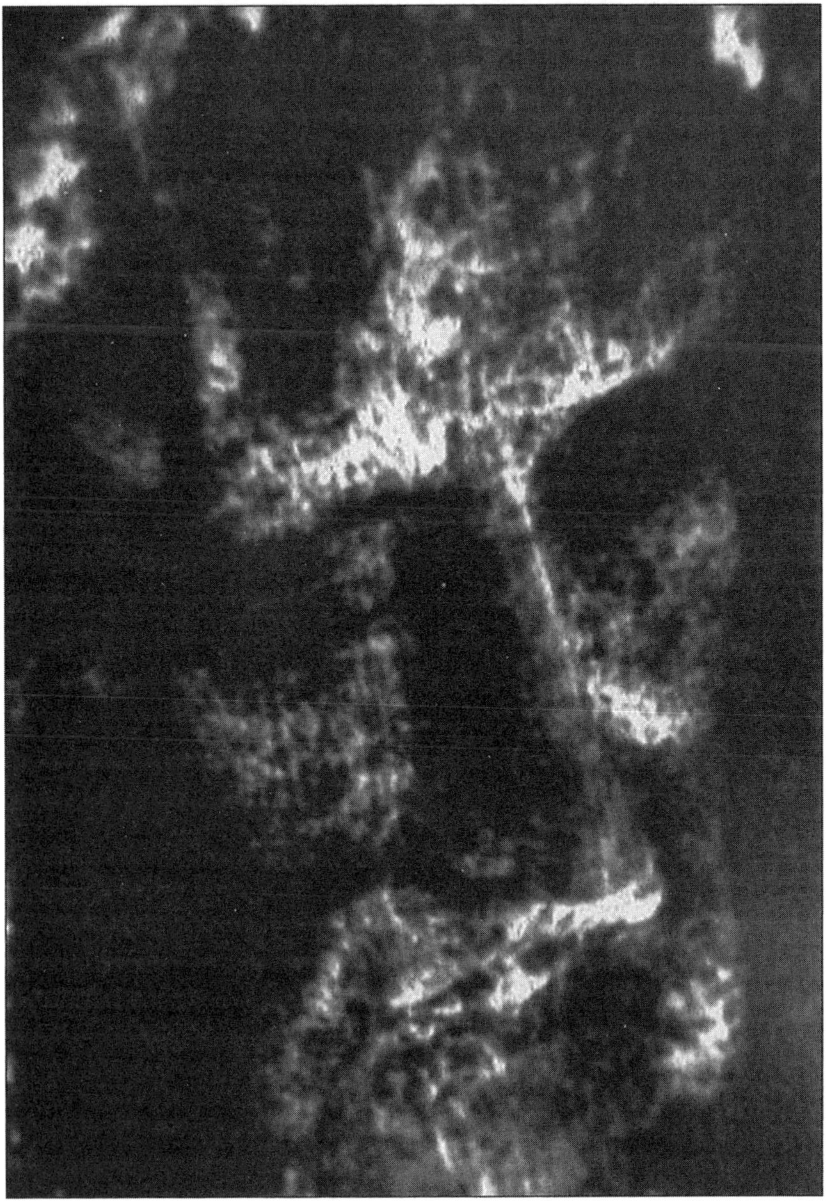

Imagen tridimensional del Hombre de la Sábana.

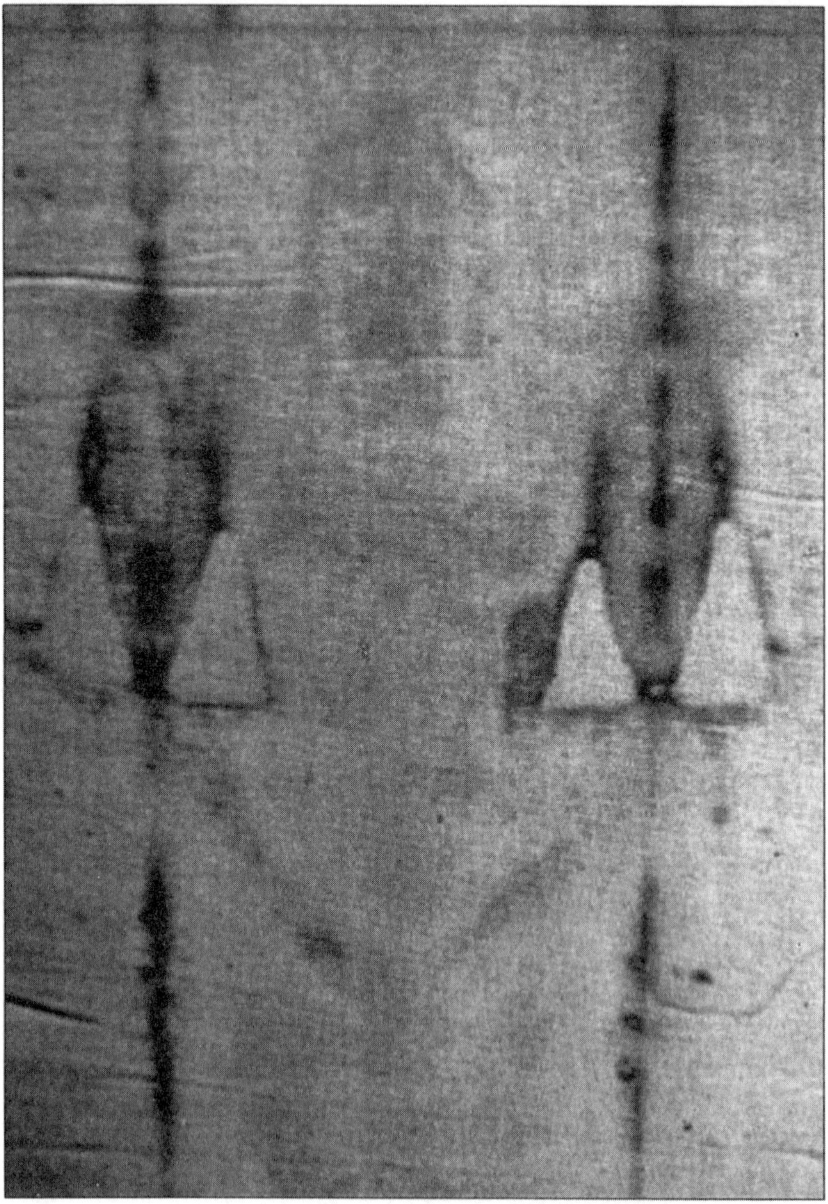

Detalle de la Sábana Santa de Turín.

Idealización artística a partir del rostro de la Síndone.

Leonardo Da Vinci ha sido visto como el creador de la Síndone, asegurándose incluso que es él quien aparece representado.

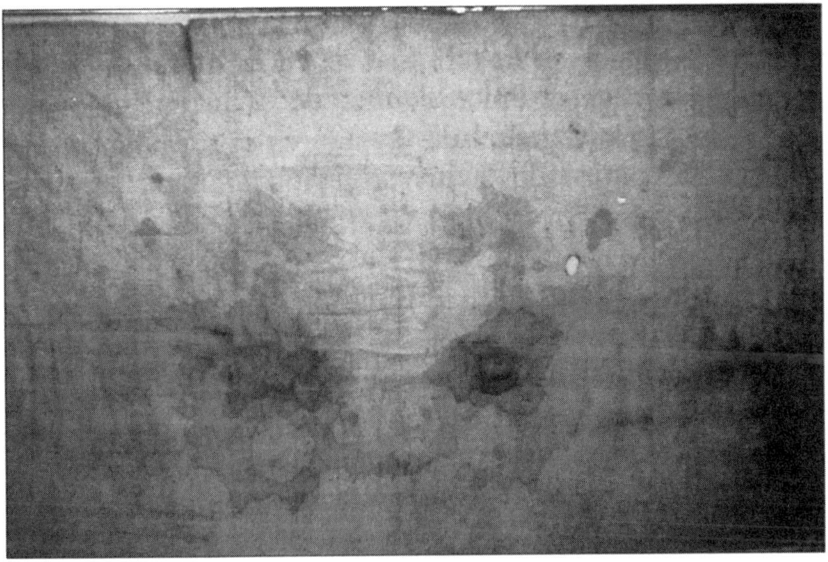

Sudario de Cristo conservado como reliquia en la Catedral de Oviedo.

Capítulo 5

LA SANTA LANZA, LIGNUM CRUCIS Y OTRAS RELIQUIAS

Historias de poder a través de las reliquias

*"Pero, cuando se llegaron a Jesús, como lo vieron ya muerto,
no le quebraron las piernas, sino que uno de los soldados le atravesó el costado
con la lanza; y al momento salió sangre y agua.
Y el que lo vio ha dado testimonio de ello, y ese testimonio suyo es verdadero,
pues él sabe que dice verdad, para que también vosotros creáis.
Porque ésto sucedió para que se cumpliera la Escritura:
–No le quebrarán hueso alguno–. Y también otra Escritura dice:
–Mirarán al que traspasaron–".* (Juan 19 33-37)

Ya expusimos en el capítulo anterior dedicado a la Sabana Santa que de dicho tejido existen numerosas copias desperdigadas por todo el mundo, fruto bien de representaciones bienintencionadas con las que se buscaba contar con una réplica de la considerada auténtica, o por el contrario nacidas en el seno de la comercialización de falsas reliquias que proliferó en la Edad Media. Realmente el tema de las reliquias constituye un capítulo especialmente sangrante de la historia del cristianismo, frente al cual la mejor postura es sin duda la escéptica. Aunque al principio los primeros cristianos no contemplaban el culto a las reliquias, con el siglo IV se vencieron algunos tabúes y todo fue en alza, hasta llegar al gran apogeo de las Cruzadas o al tope que pudo suponer casos como el de Federico el Sabio, quien donó a la Iglesia de Witemberg nada menos que las cinco mil reliquias que poseía a principios del siglo XVI.

En el medioevo existían talleres en diversas partes del mundo cristiano, especialmente Italia, dedicados exclusivamente a la creación de reliquias, que posteriormente se vendían como auténticas e iban a parar a monasterios, iglesias, palacios... y también a los hogares de miles de creyentes que pagaban por ellas cantidades en muchos casos astronómicas. Y no era para menos, ya que la reliquia estaba impregnada de santidad y por ende de fuerza. Eran considerados auténticos talismanes protectores, además de tener un efecto curativo sobre muchas enfermedades, por no hablar del magnetismo y poder que podían otorgar algunas de ellas a sus poseedores. Por supuesto existía otra poderosa razón para que las reliquias tuvieran mercado. Para cualquier comunidad que poseyera abundantes e "importantes" reliquias el mantenimiento estaba garantizado, gracias a las limosnas de los fieles y a los regalos de los más pudientes. A mayor número de reliquias, mayor número de peregrinos, y por consiguiente, de ingresos para el templo en el que se veneraban.

Las hubo y las hay de todos los tipos y para todos los gustos. Desde los huesos de los mártires o partes momificadas de los cuerpos de bastantes santos, incluidas sus muelas, pasando por varias cabezas de San Juan Bautista, tierras del Jardín del Edén o del Gólgota, cabellos de la Virgen, gotas de su leche, plumas y huevos del espíritu santo, llegando a toda suerte de objetos vinculados con la figura de Jesús. Éstas últimas son sin lugar a dudas las más populares: migajas de pan de la Última Cena o bien de la multiplicación de los panes y peces, la misma mesa, el cáliz o Grial, fragmentos de la Santa Cruz, espinas de la corona que le cubrió durante el suplicio, la Santa Túnica, los clavos que atravesaron las muñecas y pies de Jesús, el ampliamente representado título de *Inri,* la columna de la flagelación, los grilletes, los látigos utilizados, la Santa Lanza, la caña y la esponja con la que calmaron su sed, la síndone, el paño de la Verónica en el que la tradición cuenta que quedó grabado el rostro del Mesías, la sangre derramada en la cruz, los dientes que perdió, sus cabellos, parte del pesebre donde nació, el propio prepucio. Como apunta Eslava Galán, "se hizo necesario establecer una jerarquía de reliquias. Las verdaderamente importantes, cuerpos enteros, cabezas, eran *reliquiae insignes,* las más menudas *reliquiae non insignes,* entre las cuales las había *notabilis* (una mano, un pie) y *exiguae* (un diente, un cabello). Sobre todo ello hubo sus más y sus menos. El santo obispo

Victricio de Ruán declaró que la virtud no es proporcional al fragmento de la reliquia: Los santos no sufren merma alguna porque se dividan sus reliquias. En cada trozo se oculta la misma fuerza que en el total, lo que alivió a muchas conciencias estrechas". La cosa se desmadró de tal manera, que como agudamente se suele apuntar, existen tantos fragmentos del *lignum crucis* repartidos por el mundo como para repoblar un bosque, más de cien muelas de Santa Apolonia, más clavos de Cristo que en una ferretería, varios litros de leche de la Virgen, huesos del Papa Alejandro I como para reconstruirle varias veces, toda una mantelería de sábanas santas, tantas espinas como para elaborar coronas para todos los presentes en el Gólgota, diversos e imposible santos prepucios... las había repetidas y a centenares, y todas ellas ¡Auténticas!

La Lanza de Longinos

En el ecuador de nuestra aproximación a los misterios del cristianismo esperamos que el lector haya comprendido la razón de haber ofrecido, aunque brevemente, algunas pinceladas sobre el tema de las reliquias. Ciertamente es mucho lo que de ellas se puede decir, cada una con una historia o leyenda asociada, aliñada con elementos sobrenaturales que dan cuenta del poder que se les atribuía. Hay pues que tomar con la máxima cautela cualquier reliquia u objeto sagrado, por mucho certificado de autenticidad que la acompañe, ya que muy probablemente estemos ante una pura y dura falsificación. No obstante, conviene meternos ya en faena y analizar con cierto detalle algunas de ellas, cuya presencia a lo largo del tiempo parece haber sido determinante en épocas concretas de la historia. O al menos eso es lo que se nos cuenta de la Lanza de Longinos o la Santa Lanza.

En el pasaje evangélico con el que abrimos este capítulo asistimos al episodio en el que un centurión romano atraviesa con su lanza el costado de Jesús, finiquitando la pasión y haciendo posible que la profecía que aludía a que ninguno de sus huesos sería quebrado se cumpliera.

La presencia por tanto del guerrero romano en el Gólgota, como instrumento del mismísimo Dios para que todo lo predicho se cumpliera, es crucial a todas luces, de ahí que la Iglesia lo santificara como San Longinos. Pero como ya comprobamos en el *capítulo 2*, dedicado al Grial, la historia de Cayo Casio no puede ser narrada de forma tan sencilla, dado su importante trasfondo simbólico en el que su forma fálica es complementaria del uterino recipiente griálico. Al igual que el Grial tallado de la esmeralda caída de la frente de Lucifer, la Santa Lanza tiene asociada una historia previa a Jesús que ya la convertía en especial, al haber sido forjada por el profeta Fileas y pasar por las manos de algunos antiguos patriarcas cristianos antes de acabar en los evangelios. En todo caso la "versión oficial" nos cuenta como la sangre y agua que manaron del costado de Jesús curaron la casi ceguera que padecía Longinos, mientras que la Santa Lanza fue recogida y puesta a salvo por José de Arimatea junto a otros objetos personales de Jesús, llegando a manos de San Mauricio, comandante de la Legión de Tebas martirizado junto a sus seis mil hombres por Maximiliano. De aquí pasaría a las de Constantino, dándole supuestamente la victoria en la Batalla de Puente Milvio contra Magencio, en las afueras de Roma. Tal y como explica Jesús Callejo, actualmente existen cuatro lanzas santas censadas, la más famosa de las cuales se conserva en el Vaticano. "La segunda lanza está en París, adonde fue llevada por San Luis en el siglo XIII, cuando regresó de la última cruzada de Palestina. La tercera es la que se custodia en el Museo del Palacio Hofburg, en Viena (Austria), también llamada Casa del Tesoro, y es la que posee una genealogía más fascinante, porque fue la que encandiló a Constantino el Grande, a Carlomagno, a Federico Barbarroja y a Hitler. La cuarta lanza en litigio se conserva en Cracovia (Polonia), pero tan sólo es una copia de la vienesa que Otón III regaló a Boleslav el Bravo", explica Callejo.
La tercera es a todas luces la más interesante y sin duda también la más antigua, ya que como apunta Galán Eslava se trata probablemente

de "un puñal prehistórico, de la Edad de Hierro, que alcanza 30 cm de longitud. Está partida en dos pedazos que se unen por medio de una funda de plata. En el siglo XIII se le añadió un clavo, pretendidamente uno de los que sujetaron a Cristo en la cruz, en el fragmento correspondiente a la punta, aprovechando el canalillo central. El clavo está sujeto a la lanza con hilos de oro, plata y cobre. En el trozo del mango se observan dos diminutas cruces de oro. La reliquia se guarda en un antiguo estuche de cuero forrado interiormente de terciopelo rojo". Al parecer esta lanza que había estado en manos de Constantino reapareció varios siglos después, en poder de personajes como Alarico el Valiente (410 d.C.), el visigodo Teodorico (452 d.C.) o Justiniano, quienes la usaron de muy diversa manera, para ir a parar a las manos de Carlos Martel durante la batalla de Poitiers en el siglo VIII, en la que derrotó a los árabes (732 d.C.). Pasaría menos de un siglo después a las de Carlomagno, logrando éste cerca de medio centenar de victorias. De las suyas pasó como talismán a las de Enrique I el Pajarero, fundador de la Casa de Sajonia "y vencedor de los polacos. De los Sajonia se transmitiría a los Hohenstauffen de Suabia, uno de cuyos miembros, Federico Barbarroja, conquistó Italia", explica Eslava.

En manos de Hitler

Finalmente la historia de la *Heilige lance* se torna aún más apasionante si cabe cuando irrumpe en el siglo XX y termina en manos de un esotérico Adolf Hitler. La historia se la debemos al periodista y ex militar Trevor Ravenscroft, y éste al matemático y ocultista Walter Johannes Stein, quien interesado en el estudio del Grial y la Lanza aseguró haber conocido a Hitler antes de la Primera Guerra Mundial. "Y como consecuencia directa de estas investigaciones conoció a Hitler, quien en aquellos tiempos no era más que un don nadie que vivía en una pensión de ínfima categoría en Viena. Porque durante los cuatro años anteriores al estallido de la primera guerra mundial, también él había descubierto la leyenda del destino histórico del mundo asociada a la Lanza que se encontraba en la Casa del Tesoro Habsburgo, y también en aquellos días él tenía unos veinte años y soñaba con el día en que la reclamaría como talismán de la conquista del mundo", escribía Ravenscroft. El joven Hitler se empapó de toda la historia de la lanza pasando largas horas frente a ella, en el museo de Viena. Tras su primer encuentro con ella supo "de inmediato que aquel era un momento importante de mi vida. Y sin embargo, no podía adivinar por qué un símbolo cristiano me causaba semejante impresión. Me quedé muy quieto durante unos minutos contemplando la Lanza y me olvidé del lugar en el que me encontraba. Parecía poseer cierto significado oculto que se me escapaba, un significado que de algún modo ya conocía, pero que no podía reconocer conscientemente..."

Descubrió que su posesión iba asociada a un poder que parecía procedente del mismo cielo, de ahí que cuando Austria fue incorporada al III Reich, Hitler ordenara trasladar desde Viena a Nuremberg el tesoro de los Habsburgo. Ocurrió en marzo de 1938, quedando expuesta en la cripta de Santa Catalina, escenario de las actividades de los Maestros Cantores de la Edad Media y que Hitler supo por revelación que debía acoger el objeto, finalmente bajo la custodia de oficiales de la SS y con un acceso muy restringido. Tal y como explica Ravenscroft: "El descubrimiento más importante que hizo el joven Hitler mientras estudiaba la historia de la Lanza del Destino no estaba relacionado ni con los emperadores ni con sus dinastías de poder. Descubrió que la Lanza había sido la inspiración para la fundación de los caballeros teutones, cuyas acciones caballerescas y valientes y cuyos votos irreversibles y disciplina ascética habían constituido la esencia misma de sus sueños infantiles". Y allí permaneció durante varios años favoreciendo al mandatario nacionalsocialista en su dantesca carrera militar, hasta que al finalizar la guerra y tras un intento fallido de traslado, la lanza es recuperada por los Aliados. Finalmente éstos, a pesar de la fascinación que al parecer sintió por ella el general Patton, la devolvieron a sus legítimos propietarios regresando con el resto del tesoro a las vitrinas del Museo vienés de Hofbrug.

El Santo Madero

Llegamos al punto y final de nuestro breve recorrido por el mundo de las reliquias deteniéndonos en el *Lignum Crucis*, el Santo Madero en el que fue crucificado Jesús y que según la leyenda estaba hecho con la madera de un árbol del Paraíso. La historia es larga y rica en detalles, pero a fin de cuentas interesa saber que se cerraba un ciclo con la ejecución del Mesías que se inició con la muerte de Adán y su enterramiento en el Gólgota de donde sanaría cuando el árbol de la vida volviera a florecer, como metafóricamente lo hizo cuando Jesús fue clavado en la cruz. La verdad es que con toda probabilidad las reliquias de la Vera Cruz son las que menos prestigio tienen, dado que su material era tan abundante que hacer pasar unas astillas, fragmentos o trozos algo más grandes como auténticos no era nada difícil. La leyenda cuenta que fue la madre de Constantino, Santa Elena, quien encontró la Santa Cruz junto a otras muchas reliquias en el Santo Sepulcro hacia el años 326, dividiéndola en dos mitades: una para Roma y su hijo conservada en la Iglesia de la Santa Cruz, y la segunda para Jerusalén, donde ordenó construirle un templo, la Iglesia del Santo Sepulcro.
El objeto se convirtió en un importante reclamo, y sus fragmentos fueron ciertamente codiciados. Algunos Papas llegaron a regalarlos, y por supuesto los fabricantes de reliquias hicieron su agosto con algo tan fácil de imitar. Por todo el mundo se conservan fragmentos, aunque de ser analizados en detalle se llegaría a descubrir algo insólito: la variedad de árboles y épocas distintas a las que pertenecen.

La historia cristiana de la Santa Lanza alcanza su momento culminante en el Monte Calvario, con la figura del centurión Longinos.

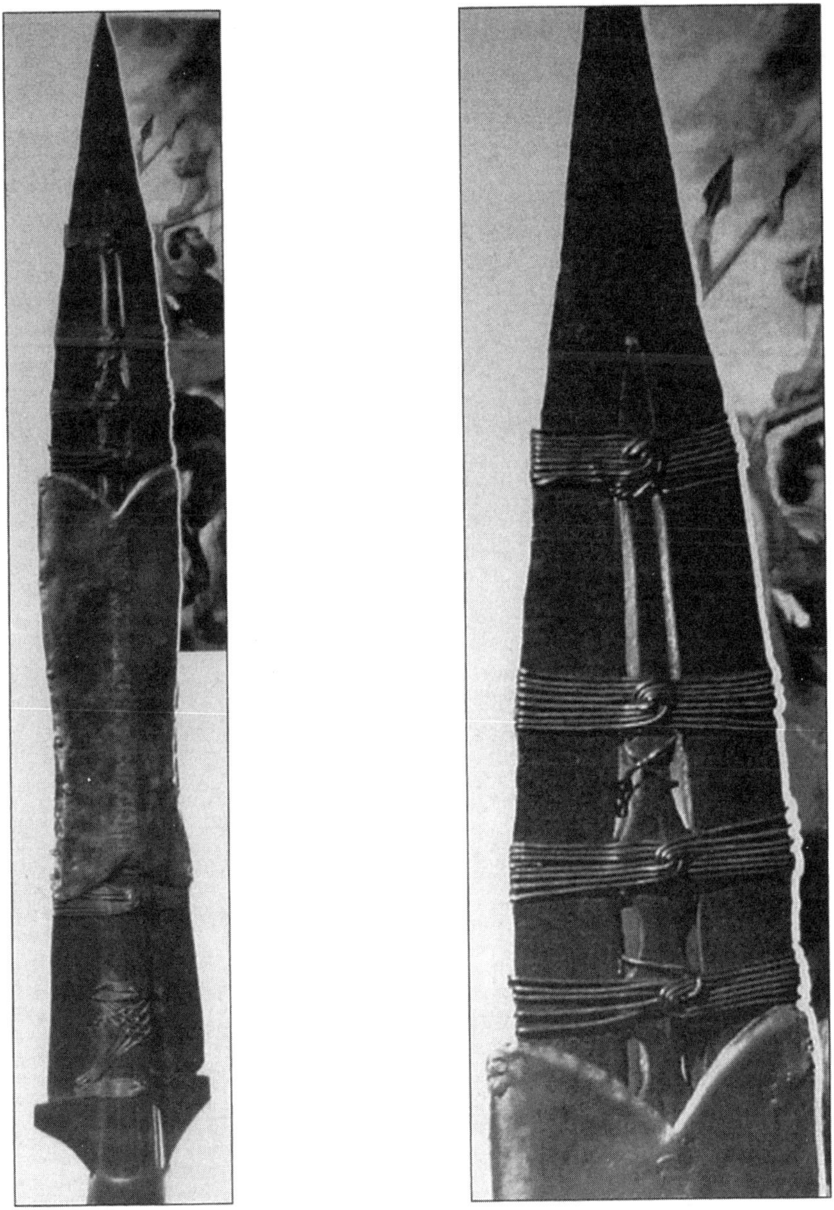

Lanza de Longinos, conservada en el museo de Viena, Casa del Tesoro.

San Longinos, representado en el Vaticano en esta obra escultórica.

La Verónica sosteniendo una de las reliquias más codiciada y falsificada de todos los tiempos.

Capítulo 6

FENÓMENOS PARANORMALES EN EL CRISTIANISMO

Sueños, levitaciones, bilocación, estigmas...

"El Faraón dijo a José: He tenido un sueño
y no hay quien me lo sepa interpretar.
He oído decir de ti que te basta oír contar un sueño para saber interpretarlo.
Respondió José al Faraón: No yo; Dios será el que dé
una interpretación favorable al Faraón". (Génesis 41, 15-16)

La presencia de fenómenos paranormales en el mundo del cristianismo es abrumadora. En la mayoría de las ocasiones esas manifestaciones que vulneraban las leyes naturales eran interpretadas como fruto de la intervención divina, sin apenas plantearse la posibilidad de que su origen estuviera en capacidades o potencialidades humanas poco conocidas o inexploradas. De hecho, la vida de muchos santos está repleta de este tipo de fenómenos, portentos que sorprendieron a sus contemporáneos y que ya en vida les señalaron como individuos especiales, tocados por la divinidad. Bien es cierto que como apuntan muchos historiadores de la parapsicología, cuando esas mismas manifestaciones se daban fuera del contexto de la Iglesia, los dones se transformaban en poderes maléficos otorgados por el mal para confundir y dañar. Y aquél que los generaba era repudiado, exorcizado, torturado e incluso quemado en la hoguera; todo menos santificado. La mayoría de esos fenómenos extraños vienen siendo clasificados y estudiados en los últimos cien años por la parapsicología, una disciplina que puja por lograr un reconocimiento científico que avale sus propuestas, la principal de las cuales no es otra que la realidad física de muchos de estos fenómenos y su relación directa con el ser humano. El lector comprenderá que no es éste el lugar más adecuado para profundizar en los vericuetos de la parapsicología, aunque sí estimamos conveniente realizar unas rápidas puntualizaciones que nos permita analizar estos fenómenos presentes en el cristianismo con cierta distancia.

Fenómenos por doquier

La parapsicología goza de cierta respetabilidad en un buen número de universidades e instituciones públicas y privadas de todo el mundo, aunque la aceptación de la existencia del objeto de su análisis, los fenómenos paranormales, entra en grave conflicto con las leyes físicas conocidas. De ahí que después de más de un siglo de existencia e infinidad de estudios encaminados a demostrar que lo paranormal existe, la viabilidad de la parapsicología siga siendo discutida. El problema básico de la parapsicología es llevar al laboratorio unos fenómenos y manifestaciones que se rigen por lo espontáneo, que surgen en la mayoría de las ocasiones sin previo aviso, y que por tanto difícilmente pueden someterse al rigor del microscopio y los ensayos. No obstante, el lector interesado encontrará abundante literatura parapsicológica en la que descubrirá que en muchas ocasiones negar la existencia de ciertos fenómenos paranormales es más increíble que aceptar su realidad. El siglo XX trajo consigo la división de los planteamientos parapsicológicos en dos grandes corrientes de pensamiento: la de la parapsicología espiritualista, que promulga la supervivencia después de la muerte y la posibilidad de que muchos de esos fenómenos sean provocados por la interacción de los espíritus en nuestro mundo; y por otro lado, la de la llamada parapsicología animista o científica, que establece que todas las manifestaciones, incluso aquellas en las que se producen apariciones o registros que sugieren la existencia de vida después de la muerte, tienen su origen en la mente humana, en potencialidades desconocidas e infrautilizadas, así como en la existencia de algún tipo de energía.

En todo caso los fenómenos paranormales los podríamos dividir en cuatro grandes grupos: fenómenos psíquicos, fenómenos físicos, fenómenos parabiológicos y fenómenos tanatológicos.
En el primero tendríamos aquellos fenómenos ligados a la percepción extrasensorial, a la posibilidad de conocer cosas sin mediación de nuestros sentidos físicos, tanto del presente como del pasado y el futuro. La telepatía, o transmisión del pensamiento, formaría parte también de este primer grupo.
En el segundo, el de los fenómenos físicos, encontraríamos por ejemplo a la levitación, el movimiento a distancia de objetos o psicocinesia, la psicofotografía, bilocación, materialzaciones, etc.
En cuanto a los fenómenos parafísicos su mejor expresión la encontramos en la sanación, tanto en la misma básica imposición de manos como en la compleja y discutida cirugía psíquica. También forma parte de este grupo fenómenos como los estigmas, la incorruptibilidad o la osmogénesis. Finalmente, en el grupo de los tanatológicos, relacionados con la muerte, encontraríamos fenómenos como las experiencias cercanas a la muerte, las psicofonías, psicoimágenes y las apariciones de difuntos, entre otras.
Sobra decir que muchos fenómenos podrían encajar en varios grupos al mismo tiempo, o que incluso hay parapsicólogos que optan por dividirlos simplemente entre fenómenos objetivos, físicamente palpables, y subjetivos, de naturaleza psíquica. De la misma manera algunas manifestaciones presuntamente paranormales resultan no ser tales, y habrá que responder a una agudización de los sentidos o a procesos psicosomáticos, como pueda ser el caso concreto de los estigmas.
En todo caso, invitamos al lector interesado a que profundice en los interesantes vericuetos de la parapsicología a partir de la abundante bibliografía existente sobre tan apasionante y maltratada materia, dado que por razones de espacio se nos hace imposible abordarla con más detenimiento.

Visiones de futuro, sueños y apariciones

Como no podía ser de otra manera la *Biblia* nos brinda un rico material en el que encontrar numerosos fenómenos paranormales, vinculados como es lógico con la divinidad. Destacan sobremanera los sueños, una de las formas más utilizadas por Dios para transmitir revelaciones a sus profetas. Uno de los sueños más conocidos es el del Faraón, con el que encabezamos el comienzo de este capítulo. Narrado en el *Génesis*, se nos cuenta que el mandatario egipcio soñó con la aparición de siete vacas gruesas, que eran devoradas por siete vacas famélicas, así como con otras siete espigas cargadas de cereal que eran devoradas por otras tantas menudas y marchitas. La lectura que José le hizo al Faraón, avisándole de la llegada de siete años de gran abundancia que serían seguidos de otros siete de pobreza. Atendiendo a su interpretación los egipcios guardaron provisiones, cumpliéndose los dos periodos anunciados. José ya había interpretado otros sueños lo que le convirtió en un personaje célebre, al igual que ocurrió con el profeta Daniel. La *Biblia* nos cuenta cómo éste interpretó el sueño de Nabucodonosor, que hasta el momento nadie en la corte había logrado descifrar. Daniel fue contundente con respecto al origen de su conocimiento: "El misterio que el rey desea saber, no hay sabios, ni adivinos, ni magos, ni astrólogos que puedan revelarlo al rey; pero hay un Dios en el cielo que revela los misterios…" (Daniel 2, 27-28)

El profeta no podía conocer según el texto bíblico lo que Nabucodonosor había soñado, por lo que a la capacidad de interpretación onírica va sumada la de clarividencia, ya que Daniel le narra primero el famoso sueño de la estatua con pies de barro, y después le explica su significado, la sucesión de reinos que vendrían después del monarca. La mujer de Pilatos tuvo un sueño en el que se le revelaba que Jesús era un hombre justo, y tanto éste como los apóstoles realizaron curaciones y exorcismos. Lógicamente Jesús es un caso aparte: multiplica alimentos, camina sobre las aguas y resucita muertos. El *Apocalipsis de San Juan* es profético en su conjunto, mientras que en el *capitulo 28 de Samuel I*, asistimos a una genuina sesión de mediumnidad en la que el rey Saúl pide a una pitonisa que invoque a un difunto, concretamente a Samuel. Éste se manifiesta y le recuerda a Saúl que Yavé lo ha abandonado a su suerte. Tal y como veremos en el próximo capítulo dedicado a las apariciones marianas, las revelaciones en sueños han continuado siendo un fenómeno frecuente tanto en la vida de los santos como en la de otras muchas personas que se han visto tocadas por la divinidad, y lo mismo podríamos decir de la capacidad para ver el futuro, no sólo por medio de sueños sino de visiones directas, que tuvieron diversos hombres y mujeres de la Iglesia, como comprobaremos oportunamente en el capítulo VIII dedicado a los profetas y videntes.

Santos levitadores

La levitación es uno de los fenómenos paranormales más espectaculares de cuantos ha podido estudiar la parapsicología, por cuanto implica el levantamiento de objetos y/o personas sin que medie ninguna fuerza o mecanismo físico conocido. Se trata de un desafío directo a la ley de la gravedad por el que tuvieron predilección los médium de la segunda mitad del siglo XIX y comienzos del XX, y sin lugar a dudas bastante antes algunos personajes elevados a los altares. Tal y como afirma el Dr. Wilfried-René Chettéoui en su obra *Iniciación a la Parapsicología*: "Es en la hagiografía (historias de las vidas de los santos) donde los casos de levitación se han observado más frecuentemente, ya se trate de centenares de hechos tomados a la mística cristiana o musulmana, a los monjes del Monte Athos, a los startsy ortodoxos, a los ascetas budistas o tibetanos, a los discípulos avanzados de los maestros espirituales..." Lógicamente existen trucos para crear falsas levitaciones y los ilusionistas especializados en mentalismo los ponen en práctica en sus actuaciones. Incluso en la época dorada del espiritismo los burdos fraudes fueron muy sonados y ensombrecieron la autenticidad de levitaciones genuinas. En el seno de la Iglesia no nos faltan los ejemplos desde que Jesús caminara por las aguas. El mejor y más documentado caso es el de San José de Copertino, que vivió entre los años 1603 y 1663, siendo bautizado como el "santo volador" por su incontenible tendencia a levitar. Desde la infancia comenzó a experimentar profundos éxtasis, siendo admitido en 1620 como hermano lego en un convento franciscano. El historiador y parapsicólogo Brian Inglis explica sobre nuestro protagonista que "Jamás hubiese sido conocido de no ser por sus periódicas levitaciones, durante las cuales se elevaba y flotaba sobre las cabezas de sus hermanos en religión. La sola mención del nombre de la Virgen María bastaba a veces para que levitase". Lo cierto es que levitaba con mucha frecuencia, desde apenas unos segundos a varios minutos, pero nunca parecía hacerlo a voluntad, dando pie a episodios ciertamente pintorescos en los que incluso se llegaba a detener encima de velas encendidas o besar un cuadro de la virgen situado a 5 metros de altura. El antropólogo británico y experto en parapsicología Eric Dingwall describe un singular episodio en el que José de Copertino comenzó a levitar cuando paseaba por el jardín del monasterio en compañía del sacerdote Antonio Chiarello. El fenómeno se dio justo después de que Chiarello le indicara lo hermoso que era el cielo. "En ese instante, como si aquellas palabras fueran una invitación de las alturas, San José se despegó del suelo y se alzó en el aire, hasta ir a descansar a la copa de un olivo, donde permaneció en posición arrodillada durante media hora", señalaría Dingwall. Numerosas personas, al margen de sus compañeros de convento y otros religiosos, presenciaron las levitaciones de este santo e incluso llegaron a formar parte de las mismas, cuando al intentar mantenerlo en suelo se levantaban colgados de sus hábitos. Por su número y espectacularidad fueron duramente criticadas y tachadas de fraudulentas, pero la autenticidad de las mismas está fuera de toda dudas, convirtiéndose casi en una atracción para los fieles que finalmente acudían sus misas con el objetivo de verle volar. Sin duda se ganó a pulso el mote de Patrón de los levitadores, pero no ha sido ni mucho menos el único caso. San Felipe Neri también levitó en diversas ocasiones de forma completamente involuntaria, como si estuviera poseído, incluso cuando se hallaba enfermo y tendido sobre la cama. San Ignacio de Loyola, San Jaime de Ilirico, Santo Tomás de Aquino, San Dunstan, San Francisco de Asís, Santa Teresa de Jesús... Precisamente, Teresa de Ávila se cuenta entre las santas levitadoras más populares, aunque nunca alardeó de un fenómeno que casi se puede decir que padecía, y que fue presenciado por abundantes testigos. El parapsicólogo Scott Rogo destaca su caso de forma especial en su clásico *El enigma de los milagros,* sobre todo por el hecho de que la propia mística dejó por escrito lo que sentía en esos momentos: "Lo repito; me sentía y veía transportada, sin saber a donde. Y, aunque notaba lo delicioso que resultaba, la debilidad de mi naturaleza me hacía temer al principio... tan inquietante me resultaba que con frecuencia me resistía y ponía todas mis fuerzas para que no sucediera, en especial cuando el arrebato me sobrevenía en público (...) Cuando trataba de oponer resistencia, me parecía como si una gran fuerza me alzara por debajo de los pies (...) Cuando el arrebato pasaba, tengo que decir que muchas veces mi cuerpo parecía capaz de flotar, como si no tuviera ningún peso, hasta el punto de que, a veces, apenas notaba que los pies tocaran el suelo".

Incombustibilidad, osmogénesis y bilocación

Como su nombre indica, la incombustibilidad define la inmunidad al fuego, tanto al dolor como a las propias quemaduras, y la misma ya está presente en el libro de Daniel. En el texto bíblico asistimos al episodio en el que el rey Nabucodonosor decide castigar a tres judíos, Sidrak, Misak y Abed-Negó, por no haber querido adorar a su estatua de oro, arrojándolos a un horno con un "fuego siete veces mayor del que solía encender", que terminó por quemar por su intensidad a los propios verdugos. Los tres ajusticiados se paseaban por el interior del horno en permanente oración sin sufrir quemadura alguna, un hecho portentoso que les salvó la vida por intervención divina. En esa fuente inagotable de hechos asombrosos que resultan ser las hagiografías asistimos al martirio de San Lorenzo, que mientras es quemado en una parrilla pide a los que lo someten al suplicio que le den la vuelta para asarse bien por el otro lado. A los mártires Policarpio y Teodoro se les intentó quemar en la hoguera de forma infructuosa, y de acuerdo con Brian Inglis, "Santa Catalina de Siena fue rescatada sin sufrir daño alguno tras caer boca abajo, durante uno de sus trances, sobre un brasero repleto de carbones encendidos". Es curioso que esta inmunidad al fuego haya podido ser constatada con frecuencia en los trances, tanto los místicos como los mediúmnicos. De hecho, en los estados de trance propios de algunas apariciones marianas se ha podido comprobar como los videntes eran insensibles al fuego y al dolor. No obstante esa inmunidad providencial no parece similar a la que experimentó San Francisco de Paula, quien en una ocasión y mientras se construía un convento se introdujo en el horno donde se preparaba el material para comprobar que estaba en perfectas condiciones. Sobra decir que las potentes llamas no causaron ningún daño en el fraile italiano, ante la lógica mirada de desconcierto de ocho testigos.

Por su parte la osmogénesis, también conocida como olor a santidad es la aparición espontanea de aromas, en numerosas ocasiones ligada a otros fenómenos relacionados con el misticismo como la incorruptibilidad, los estigmas o la levitación. Incluso en el contexto de las apariciones marianas es frecuentes que tal manifestación venga precedida o acompañada de sutiles aromas a flores. El Padre Pío, al que volveremos de inmediato para hablar de sus bilocaciones, emana un penetrante olor a clavel, tanto de sus ropas como de los estigmas que padecía. Santa Teresa de Ávila emanaba aromas a iris y violetas, entre otras fragancias, mientras que Sor María de Jesús, una monja incorrupta venerada como milagrera en la ciudad tinerfeña de La Laguna, desprendió durante varios años un fuerte aroma a jazmín. San Juan de Copertino, San Juan de la Cruz o Santo Domingo constituyen algunos ejemplos más de santos que manifestaban esa capacidad, que la ciencia explica en parte como fruto de ciertas patologías metabólicas que vienen acompañadas de la emisión de olores que puede dar la impresión de ser aromas, e incluso de la actuación de algunas bacterias sobre la piel y las heridas.

Este bloque lo finalizamos con las bilocaciones o desdoblamientos, la capacidad para ser visible, a veces conscientemente, en dos lugares al mismo tiempo. El periodista español Javier Sierra dedicó una de sus novelas a María de Ágreda, una singular mística que poseía entre sus habilidades la de levitar y poder bilocarse, hasta el punto de ser conocida como la Dama Azul entre los indígenas mejicanos que evangelizó en sus más de 500 viajes espirituales varios años antes de la llegada de los colonos españoles. Uno de los episodios más conocidos de bilocación es el de San Alfonso de Liborio, quien estando el 22 de septiembre de 1774 meditando en Arezzo, fue visto rezando junto al lecho de muerte del Papa Clemente XIV, que se hallaba en Roma.

Al salir de su estado anunció a los suyos que el pontífice había muerto, noticia que no llegó a la ciudad hasta varios días después. San Martín de Porres también destacó por tan curiosa habilidad, tal y como señala Rogo: "Uno de los casos más desusados de bilocación de San Martín fue el observado por un viajero español que había estado prisionero de los turcos en Argel.

En una visita a Lima, al encontrar al santo en el Monasterio del Santo Rosario, el viajero se sintió abrumado, pues reconoció en el mulato a una misteriosa aparición que había tenido a menudo en su celda cerrada de la prisión, y que varias veces le había provisto de dinero y comida. El viajero afirmaba incluso que había logrado pagar su rescate con el dinero que le había proporcionado el fraile".

Las bilocaciones más cercanas en el tiempo se las debemos al recientemente beatificado Francisco Forgione, más conocido como el Padre Pío de Pietrelcina, quien en innumerables ocasiones pudo ser visto en dos lugares diferentes al mismo tiempo, especialmente con el objetivo de atender a los enfermos que por carta rogaban ser visitados por el sacerdote. Nacido el 25 de mayo de 1887 en la aldea italiana de la que recibe su nombre, su vida estuvo marcada por los aromáticos estigmas que padeció, el don de la profecía, la habilidad para hacerse invisible, soportar fiebres de hasta 48 grados y su capacidad para curar hasta incluso después de su muerte en 1968. Treinta y un años después, en 1999, sería beatificado tras certificarse la curación de un linfoma tras aparecerse en una visión a la enferma. La bilocación o desdoblamiento fue otro de sus dones.

La primera de las bilocaciones experimentadas por el Padre Pío tuvo lugar la noche del 18 de enero de 1905, quedando registrada según sus biógrafos directamente de su puño y letra. Ocurrió mientras estaba orando en el Convento de San Elías, y de la misma dio cuenta también su padre espiritual Agustín de San Marco.

"Hace días me pasó algo insospechado: Mientras me encontraba en el coro con Fray Atanasio, eran como las 23 horas del 18 de este mes, cuando me encontré en una casa señorial donde moría un papá mientras nacía una niña. Se me apareció entonces la Santísima Virgen que me dijo: 'Te confío esta criatura, es una piedra preciosa en su estado bruto. Trabájala, límpiala, hazla lo más brillante posible, porque un día quiero usarla para adornarme...' Le contesté a la Virgen: '¿Cómo podría ser posible, si yo soy todavía un estudiante y no sé si un día podré tener la suerte y la alegría de ser sacerdote? Y aunque llegue a ser sacerdote, ¿cómo podré ocuparme de esta niña, viviendo yo tan lejos de aquí?' La Virgen me respondió: 'No dudes. Será ella quien irá a buscarte, pero antes la encontrarás en la Basílica de San Pedro en Roma'. Después de esto... me encontré otra vez en el coro".

Como comprobamos en el relato, además de la bilocación asistimos a una aparición mariana, e incluso a una predicción que finalmente se cumple, ya que su presencia fue atestiguada por la esposa embarazada de Juan Bautista Rizzani, el hombre que moría en su mansión de la ciudad italiana de Údine, y por varias personas de su confianza que dejaron entrar a un extraño monje aparecido de la nada. Además de darle los auxilios espirituales al difunto, bautizó a su hija Giovanna, que nació justo en ese momento.

En cuanto a sus abundantes bilocaciones, apenas tenemos espacio para reseñar una, significativa en todo caso. "En varias ocasiones –escribe Rogo– el Padre Pío dejó rastros físicos reales de sus bilocaciones en los lugares donde se aparecía. Una mujer enferma de la ciudad de Borgomanero le pidió una vez al santo que la curara, y él se apareció poco después junto a su cama. Cuando ella le pidió que le dejara alguna prueba de su visita, él colocó su mano estigmatizada en un ángulo de la cama. Allí quedaron impresas cinco gotas de sangre, cada una en forma de cruz. El lienzo todavía se expone al público en Borgomanero".

Estigmas y cuerpos incorruptos

En cuanto a los dos fenómenos con los que finalizamos este capítulo, es necesario indicar que como los anteriores, ninguno de ellos es prueba de santidad, aunque es justo reconocer que su manifestación influye notablemente en la devoción popular. En ambos casos estamos ante hechos que la parapsicología tampoco contempla como paranormales, ya que aunque inusuales, entiende que existen causas convencionales que los generan y que la ciencia puede casi reproducir.

Por su espectacularidad destacan los estigmas, marcas que aparecen principalmente en las manos, pies y costado de algunas personas reproduciendo las huellas de la pasión de Jesús. En ocasiones incluso se reproducen los golpes en la cara, las punzadas de la corona de espinas y hasta los latigazos. Cuando los estigmas aparecen en otros lugares, incluso bajo otras formas diferentes a la de llaga-herida habitual, se les suele denominar dermografías, existiendo casos tanto dentro como fuera del mundo del cristianismo.

La respuesta a estos fenómenos estaría en mecanismos psicosomáticos que llevarían a autogenerarse este tipo de lesiones, vinculados muchas veces a estados de misticismo e incluso histeria. Se ha podido comprobar como este tipo de fenómenos se pueden inducir bajo hipnosis, de tal manera que el sujeto sometido a esta técnica puede hacer que se genere una ampolla en una zona de su cuerpo en la que el hipnotizador le sugiere que tiene una llama quemándole. El principal argumento para descartar que los estigmas sean una señal divina es que éstos aparecen reproduciendo las huellas de la pasión en una zonas que anatómicamente no se corresponderían con las que realmente encontraríamos en un crucificado. Es decir, que las llagas en las palmas de las manos habituales en casi el cien por cien de los estigmatizados, se corresponden con una representación artística de la pasión, y no con una realidad anatómica, puesto que ésta última localizaría necesariamente los estigmas en las muñecas, el lugar por donde se hacían pasar los clavos para evitar que el peso del reo desgarrara sus manos en los ajusticiamientos en la cruz. Por tanto, los estigmas aparecen de acuerdo con la imagen que tenemos de ellos, y no con la realidad del fenómeno del que pretenden ser reflejo. Sin embargo hay elementos que añaden extrañeza al fenómeno, que enfatizan de alguna manera su especial significado. Uno de ellos es por ejemplo que no se pueden curar, al no responder a ningún tratamiento. Tampoco se infectan, y en ocasiones el proceso de sangrado ha sido tan abundante que resulta imposible que una persona pudiera seguir con vida después de haberlo padecido. En todo caso, estas manifestaciones han sido frecuentes en la vida de algunos santos, al menos medio centenar, y registrados en los últimos mil años en varios centenares de personas, muchas de ellas ligadas al mundo de la religión.

Los estigmas del Padre Pío se hicieron muy populares por haber ocurrido en pleno siglo XX y haber podido ser analizados por diversos médicos y hombres de ciencia que no encontraron una explicación plausible para ellos. En 1915, siendo ya sacerdote y en medio de una visión de Cristo, súbitamente le aparecieron las huellas de la pasión. "Sentí como si me fuera a morir... La visión se desvaneció y advertí que mis manos, pies y costado estaban perforados y sangrando profusamente", comentaría después. Las marcas no le abandonarían nunca, despidiendo un aroma a flores que ha podido ser constatado en otros casos. El doctor Luigi Romanelli, Jefe del Hospital de Barletta los examinó durante dos años concluyendo que tras cinco análisis "a lo largo de quince meses y, aunque a veces he notado algunas modificaciones en las lesiones, no he conseguido clasificarlas en ningún orden clínico conocido". No obstante el primero de todos en el santoral católico es el caso de San Francisco de Asís, que los recibió después de un proceso de ayuno y oración en septiembre de 1224, mientras tenía una visión de un ángel crucificado en el monte Alvernia.

Sorprendentemente, el fundador de los franciscanos reproducía en sus estigmas hasta los clavos que debieron atravesar al crucificado, tal y como certificaron diversos testigos, entre ellos dos de sus biógrafos, San Buenaventura y el amigo del franciscano Tomás de Celano. Este último se refería a este detalle de la siguiente manera: "Sus manos y sus pies parecían atravesados por clavos; unas marcas redondas, las cabezas de los clavos, aparecían en la palma de las manos y en el empeine de los pies, y algunas pequeñas protuberancias de carne como puntas de clavos dobladas y aplastadas asomaban por el dorso de las manos y la planta de los pies. Además su costado derecho mostraba una herida abierta, como si una lanza le hubiera atravesado, y a menudo rezumaba de ella un poco de sangre". Algunos otros casos singulares son los de Santa Verónica, a finales del siglo XVII, que además de estigmas en manos, pies y costado, aseguraba tenerlo también en el corazón, como así pudieron certificar los médicos después de su muerte. También en Santa Teresa de Jesús se encontró una fisura inexplicable en su corazón, mientras que en el caso de la mística alemana del siglo XIX Anne Catherine Emmerich, el fenómeno incluía la aparición de cruces por su cuerpo, una de las cuales situada en el pecho sangraba todos los miércoles. Santa Gemma Galgani llegó a padecer la deformación de sus hombros por el peso de la cruz, y las heridas de Santa Francisca de las Cinco Heridas traspasaban de lado a lado sus manos

No obstante sí existe un caso de estigmatización espectacular, cercano en el tiempo y visualmente sobrecogedor ese es el de Teresa Neumann, que además de estigmas tuvo el don de la ubicuidad y la clarividencia. Nacida en 1898 en el seno de una familia humilde en el pequeño pueblo bávaro de Konnersreuth, Teresa fue educada en el catolicismo, trabajando como sirvienta durante su juventud, hasta que una serie de incidentes la hicieron caer gravemente enferma al alcanzar los veinte años. En poco tiempo se vio condenada a la cama, cubriéndose su cuerpo de llagas, sufriendo ceguera y siendo incapaz de retener alimentos. Años después, en 1925 y de forma paralela al proceso de beatificación de Santa Teresita de Lisieux, de la cual era ferviente devota, Teresa Neumann comenzó a recuperarse milagrosamente sorprendiendo a todos aquellos vecinos y familiares que habían padecido con ella sus graves patologías.

No obstante, Teresa destacó por los impresionantes estigmas que experimentó a partir del año siguiente, a los 28 años de edad, y que le acompañarían durante 32 años. Tras diversas experiencias místicas comenzaron a aparecerle los estigmas en el costado, la frente, las manos y los pies, sangrando por ellos, así como por los ojos y los hombros casi todos los viernes, con perdidas de hasta medio litro de sangre. Las heridas llegaron a traspasarle incluso de lado a lado, simulando las huellas de los clavos, manifestando en ocasiones cierto brillo e incluso manando en sentido contrario a la ley de la gravedad. Numerosos fenómenos sobrenaturales rodearon la vida de la mística, que recobraba la normalidad cada domingo, destacando sobre todos ellos la inedia, es decir, la nula ingestión de alimentos y bebidas durante toda su vida, certificada médicamente sin que ello supusiera el deterioro de su salud, fortaleza y peso.

San José de Copertino en uno de sus trances levitadores.

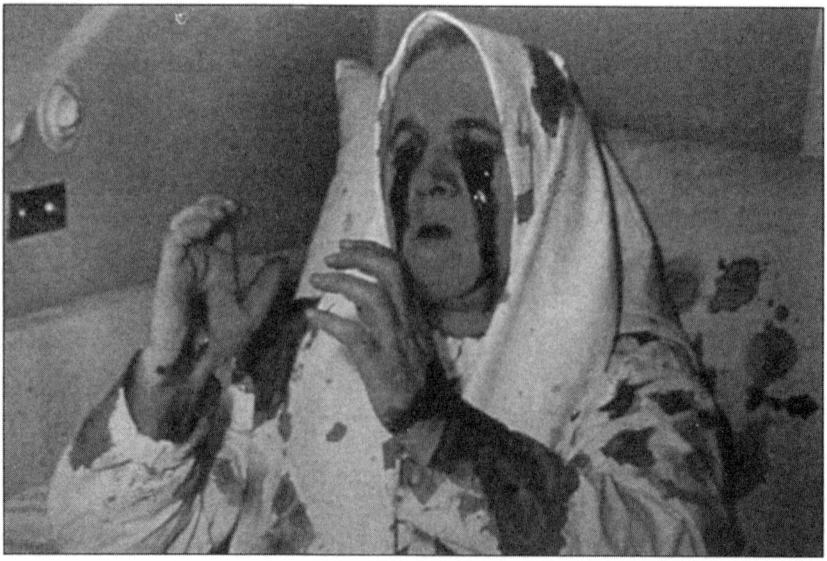

Teresa Neumann padeció durante años unos espectaculares estigmas, en un proceso que los especialistas han calificado como histérico.

Santa Teresa de Ávila experimentó frecuentes éxtasis místicos en los que levitaba.

San Lorenzo resistió milagrosamente los efectos de la tortura de fuego a la que fue sometido.

San Francisco de Asís recibió sus estigmas después de tener una visión de un ángel crucificado.

Ésta es la imagen más popular del Padre Pío, quién en numerosas ocasiones pudo ser visto, simultáneamente, en dos lugares diferentes.

Las misas del Padre Pío, recientemente beatificado, eran muy concurridas. Curiosidad y fe se daban la mano, en estas reuniones.

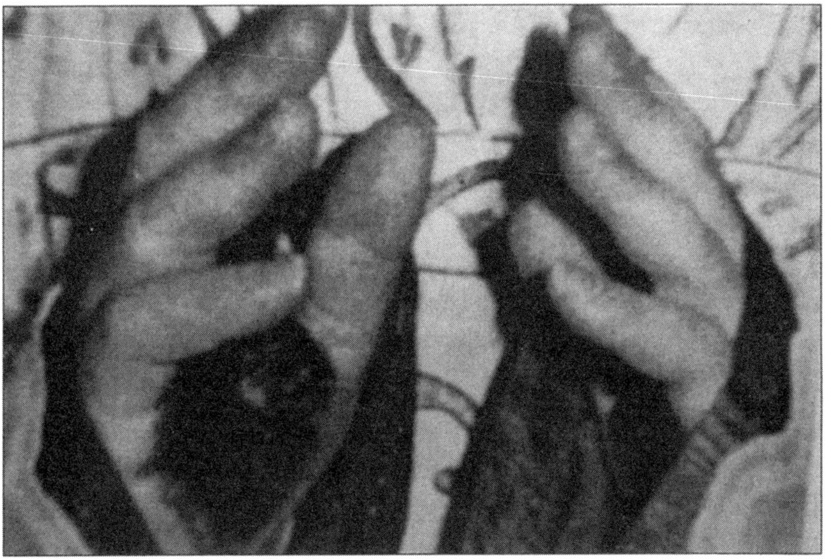

El Padre Pío además de las huellas de la pasión, estaba "bendecido" por el don de la bilocación, la lectura de almas, la osmogénesis y la profecía, entre otras cualidades.

Los estigmas aparecen curiosamente en los lugares en los que se representan las huellas de la pasión, y no en aquéllos en los que anatómicamente sería de esperar.

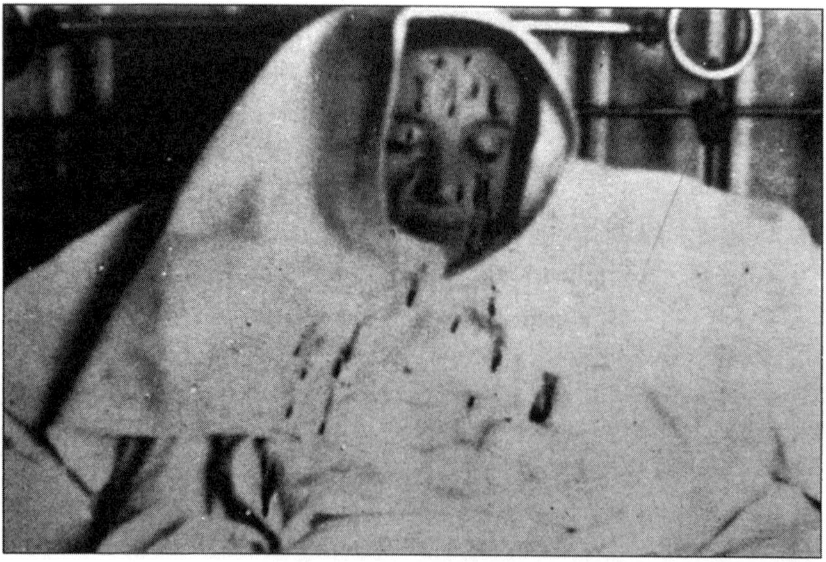

Detalle de uno de los trances de Teresa de Neumann, que además de estigmas tuvo los dones de la ubicuidad y la clarividencia.

Capítulo 7

APARICIONES MARIANAS

De lo paranormal a lo sobrenatural

"En el sexto mes, el ángel Gabriel fue enviado de parte de Dios
a una ciudad de Galilea, llamada Nazaret, a una virgen, desposada
con un hombre llamado José, de la casa de David. El nombre de la virgen era María.
Y entrando el ángel a donde ella estaba, la saludó:
–¡Salve, superdotada de gracia! El Señor está contigo–". (Lucas 1, 26-28)

En el capítulo anterior hemos podido comprobar la abundancia de fenómenos paranormales en el mundo del cristianismo, hechos que literalmente observados se escapan a las explicaciones convencionales, pero que quizá en un futuro no muy lejano puedan ser comprendidos en el marco de nuevas leyes físicas o en el de potencialidades mentales apenas intuidas. Con las llamadas apariciones marianas ocurre algo similar, aunque a diferencia de los fenómenos antes narrados, los episodios que nos ocupan en el presente capítulo suelen estar rodeados de gran polémica, pendiendo sobre ellos una permanente duda sobre su autenticidad. En cualquier caso estamos ante un desconcertante fenómeno ligado de una forma muy especial al mundo cristiano, pero que ni mucho menos es exclusivo de esta confesión religiosa, un fenómeno que en los últimos dos mil años nos ha dejado la friolera de 22.000 supuestas apariciones de la Virgen, de las que nada menos que 21.000 se han dado desde el año 1200 hasta nuestros días. Y nada menos que medio millar ocurrieron durante el siglo XX.

Tipología de un fenómeno universal

El proceso de la aparición mariana, término éste que centraliza los hechos en María, la Madre de Dios, es básicamente similar al de las apariciones de Jesús, los ángeles, algunos santos e incluso los propios demonios. E incluso es casi idéntico a las apariciones de entidades en el contexto espiritista o al de los llamados fantasmas en el ámbito parapsicológico. Similar en todos ellos, aunque con sus propios matices y particularidades, sobre todo interpretativas. En las culturas tribales en las que el chamanismo era la única "religión", el chamán protagonizaba también apariciones en las que seres del más allá –antepasados, espíritus de la naturaleza, etc.– se le manifiestan transmitiéndole mensajes de variada naturaleza –futuro, remedios, cosechas, etc.– y en ocasiones provocando fenómeno físicos apreciables por toda la comunidad. En casi todas las religiones las divinidades se aparecen, especialmente las femeninas, a los hombres y mujeres de toda condición para acompañarles, aconsejarles, reconfortarles, amonestarles o simplemente sorprenderles: Isis, Athenea, Diana, Demeter, la Dama Blanca de las tradiciones europeas, Kali, Parvati, Tara, Freya... algunas de esas diosas que compartiendo en muchas ocasiones parte de su simbología, también hacen lo mismo con el fenómeno aparicionista.

Con la mayoría de esas apariciones femeninas, y especialmente con las apariciones marianas, se pueden hacer dos grandes grupos, constituidos por las llamadas apariciones psíquicas y las apariciones físicas. En el primer grupo estarían aquellos encuentros con María en los que la única persona que la puede ver, oír, oler o sentir es el llamado vidente, que puede ser uno o varios. Se trata del grupo de apariciones más abundante, y por supuesto del más discutido, al no existir evidencia física de un encuentro inmaterial, muchas veces interior y místico, en el que la mayor parte de los presentes no perciben absolutamente nada fuera de lo común.

El segundo grupo, el de las apariciones físicas también llamadas materiales, implica una materialización visible en nuestro plano tridimensional de una entidad que se presenta como la Virgen María. Son bastante menos frecuentes que las anteriores, y no siempre es posible ver una figura humanoide más o menos similar al canon iconográfico atribuido tradicionalmente a la Virgen, ya que muchas veces lo que sucede es que se aparece con alguna otra forma, como bolas de luz, discos luminosos, o se manifiesta por medio de fenómenos anormales como voces surgidas de la nada, osmogénesis o fragancias de origen paranormal, lágrimas de sangre o sudor milagroso en bustos o imágenes de la Virgen, percepciones táctiles, etc. Incluso ocasionalmente una aparición psíquica, en la que nadie percibió nada extraño salvo la vidente o videntes, se puede convertir en física por medio del posterior visionado de filmaciones y fotografías, incluso la audición de psicofonías, tomadas en el momento de la presunta aparición.

En ambos casos –apariciones psíquicas o físicas– la Virgen suele hablar con el o los videntes y éstos suelen ser los únicos que la oyen, transmitiendo sus mensajes al resto del colectivo, aunque también se da un fenómeno mediúmnico de tipo físico en el que supuestamente es la propia Virgen la que habla a través del o la vidente, a semejanza de como ocurre en el contexto mediúmnico del espiritismo, donde las entidades desencarnadas hacen uso de los órganos fonadores del médium o canalizador para comunicarse con los demás, ya sea transmitiendo mensajes o respondiendo a las preguntas de los presentes.

De las bilocaciones a las excomuniones

Los teólogos y estudiosos del fenómeno mariano tienen en las apariciones un hueso muy duro de roer. Un enigma aún no solventado que genera a la Iglesia como institución, bastantes quebraderos de cabeza. Del grueso de las apariciones mencionadas para el siglo XX, apenas media docena ha recibido el certificado de autenticidad por parte de las autoridades eclesiásticas, lo que lejos de desanimar y aminorar el ritmo de los registros aparicionistas, parece haber ejercido el efecto contrario, ya que el hecho de no apoyarlas abiertamente no significa que se permita la creencia y devoción popular en las mismas.

Uno de los misterios teológicos más importantes de María, aparte de su Inmaculada Concepción, es su ascensión en vida a los cielos. María no muere, sino que sube a los parajes celestiales en cuerpo y alma tal y como reza el credo católico. Por tanto, una primera pregunta que cualquiera puede hacerse aunque parezca a priori un tanto ingenua es si en las apariciones marianas se aparece el cuerpo o el espíritu de la Virgen, o ambas cosas al mismo tiempo. Eso en el caso de que la entidad, ser o cosa que se aparece sea realmente María, cosa que personalmente dudamos.

En cualquier caso, y si damos crédito a la tradición, las primeras apariciones de la Virgen son más bien bilocaciones, ya que se producen durante la vida terrenal de María y precisamente en España. El afortunado es Santiago Apóstol y todo parece suceder el 2 de enero del año 40 d.C. en Zaragoza, cuando desanimado por las escasas conversiones que había logrado, la Virgen se le aparece en cuerpo y alma, rodeada de ángeles y portentos celestiales. Además de darle ánimos le dijo que quería allí su templo, dejándose como señal de su aparición una réplica que se asegura exacta de la Virgen aparecida y una columna de piedra a semejanza del pilar de mármol en el que fue transportada por los ángeles. Así nació el culto a la Virgen del Pilar, la Patrona de España, y con él la primera petición mariana, que se repetirá con cada nueva aparición a lo largo de los siglos, de edificar un templo en el lugar de la aparición.

Santiago la vería dos veces más, dos nuevas bilocaciones, la primera de ellas unos años después en Muxia, La Coruña, donde la Virgen se aparece al apóstol en una barca de piedra mientras éste se encontraba pescando. Le entrega una imagen de la Virgen y le hace el encargo de que regrese a Jerusalén. La tradición cuenta que la imagen fue hallada años después, construyéndose en el lugar el Santuario de la Virgen de la Barca, mientras que la embarcación es identificada con la llamada *pedra d'Abalar*, que como bien explica el especialista en folklore mágico

Jesús Callejo, es el eje de numerosas prácticas mágicas populares. Finalmente la veneración de Nuestra Señora la Virgen Peregrina, de Pontevedra, alude a la tercera aparición de la Virgen, en esta ocasión según la tradición para asistir al funeral de Santiago.

Como ya señalamos, desde entonces se han censado la nada despreciable cifra de 22.000 apariciones, posiblemente más que las de Jesús y todo el santoral juntos, de las cuales la inmensa mayoría ha tenido lugar en Europa, el indiscutible continente de la Virgen. Fue a partir del siglo V cuando la Virgen María comenzó a cobrar un mayor protagonismo en el seno del cristianismo –no olvidemos que la información que sobre ella podemos encontrar en los Evangelios es prácticamente testimonial– puesto que hasta el Concilio de Efeso del año 431 María era considerada la Madre de Jesús, y a partir del mismo se la reconoce también como Madre de Dios, creciendo su culto. A fin de cuentas muchas religiones y cultos con los que el cristianismo entró en competencia tenían divinidades femeninas muy populares, de ahí que se buscara sustituir un culto por otro, una diosa pagana por otra oficial; en suma, una madre por otra.

Los siglos XII y XIII y XIV fueron especialmente importantes para el culto a la Virgen, cruciales y únicos sin género de duda, jugando un papel importante en ello la Orden de los Templarios, grandes impulsores de la simbología y el culto mariano, a la que le dedican sus templos. Finalmente con la llegada del siglo de las luces, el XVIII, las apariciones caen en picado, así como otras manifestaciones hasta entonces sobrenaturales como los milagros, las revelaciones y las profecías, cuya divulgación llegó a ser incluso prohibida por el Papa Benedicto XVI (1740-1758) bajo pena de excomunión, perdurando tal dictamen hasta hace apenas unas décadas, cuando fue anulada por Pablo VI en 1970.

Cuevas, fuentes, milagros... y fraudes

De haber existido realmente la Virgen María habrá sido en vida una mujer humanamente normal, a la que sí queremos y, como creyentes, podemos llegar a ver dotada de infinidad de virtudes físicas y espirituales, de gracias y cualidades excepcionales. Desde este punto de vista, y con independencia de todos los portentos que fuese capaz de hacer, su aspecto en todas las apariciones debería ser más o menos similar, circunstancia que se da en el patrón de la aparición mariana, pero no en el aspecto. Veamos, la Virgen sigue "prefiriendo" el mes de mayo para sus apariciones, así como los sábados y los días 6 de cada mes. Gusta de hacer sus apariciones en entorno naturales, mayoritariamente en un contexto rural, cerca de árboles –pinos, encinas, robles– en cuevas, grutas o peñascos, y en los alrededores del algún riachuelo o fuente cuyas aguas terminan convirtiéndose en milagrosas. Ese lazo con la naturaleza lo hereda sin duda de los que ya tenían muchas de las diosas antiguas cuyo lugar fue ocupado por la Virgen María.

Es una constante, como antes indicamos, la petición de edificar un templo de mayor o menor envergadura en el lugar de las apariciones, y también el contenido de sus mensajes, en su mayor parte amonestador por el abandono de las virtudes de los creyentes, y alertador de castigos divinos si no se enmienda la situación con oraciones y penitencias varias. Si me permiten la licencia, la Virgen suele ser pájaro de mal agüero. Niños o adolescentes suelen ser los protagonistas, si exceptuamos por supuesto a religiosos y gobernantes de toda condición, y no debe ser despreciado el hecho de que la aparición mariana se produce en muchos casos en el contexto de alguna convulsión social, ya sea una guerra declarada, una revolución o una crisis política, social y religiosa. Es como si de alguna manera la Virgen tomara cartas en el asunto. Puede aparecer sola o con el niño en los brazos, acompañada y/o precedida de ángeles, santos y del propio Jesús. La mayoría de las veces tan solo es vista por una persona o un pequeño grupo, dándose algunos casos repetitivos en los que ofrece alguna señal que autentifica su aparición mediante portentos físicos o profecías, llegando a entregar objetos y "secretos".

Por supuesto, en la mayoría de los casos las apariciones se terminan convirtiendo en "fenómenos programados", de tal manera que se fijan días y fechas de nuevos encuentros, transmitiéndose pautas de comportamiento como la ropa adecuada que se debe llevar, las oraciones que se deben decir, las limosnas que han de entregarse, etc. Son muchos los ejemplos en lo que la aparición se convierte en un negocio puro y duro, en una clara manipulación de la buena voluntad de las personas que siguen las apariciones y cuya creencia se alimenta con trucos y falsos milagros. Las apariciones, como todo en esta vida, tienen también su cara y su cruz.

Estos y otros puntos suelen ser comunes a todas las apariciones, aunque hay un aspecto intrigante en esos 22.000 encuentros censados: la mayoría ha dado origen a su propia advocación. Aunque la Virgen es una y única, paradójicamente existen miles de versiones diferentes, tantas como videntes. Virgen del Carmen, de Candelaria, de Los Dolores, de los Afligidos, de la Peña, de las Nieves, del Pilar, de Guadalupe, de la Luz, de Fátima, del Roble, del Trono, de Cristal, de la Paloma, de la Leche, Virgen del Arco, de la Estrella, de la Caridad del Cobre, Nuestra Señora de la Rosa, Nuestra Señora de los Ángeles, del Alba, de la Barca, del Rosario, y un largo etcétera compuesto en su mayor parte por advocaciones que llevan el nombre del lugar, pueblo o región donde aparecen. Este hecho da lugar a singulares situaciones como las que directamente pudimos investigar en la aparición mariana del Monte de la Corona, en Los Realejos, Tenerife, cuando la noche del sábado 6 de junio de 1992 (sábado, día 6 y mes 6) múltiples personas aseguraron ver a la Virgen en la forma de los Dolores, del Rosario, del Carmen y como no, de Nuestra Señora de Candelaria.

Historia de algunas apariciones

Veamos no obstante y de manera muy esquemática algunas apariciones: que se han producido a lo largo de la historia de la humanidad.

–En el siglo III, año 270, San Gregorio Taumaturgo recibe las visitas de la Virgen María y de un ya anciano San Juan Evangelista, que le instruyen espiritualmente, considerándose las primeras apariciones marianas en la historia de la Iglesia, si exceptuamos las "bilocaciones" de Santiago Apóstol.

–Año 722, durante la célebre Batalla de Covadonga, la Virgen se hizo visible ante don Pelayo en el interior de una gruta, entregándole una cruz con la que logró vencer a sus perseguidores musulmanes, iniciándose la "devoción" casi talismánica por la Virgen de las Batallas.

–Entre el 1170 y el 1221 la Virgen se le apareció en diversas ocasiones a Santo Domingo de Guzmán, en un contexto de misticismo catalogado como enfermizo por algunos, en el transcurso de los cuales le entrega un rosario y la regla de la Orden Dominica.

–En 1218 es San Pedro Nolasco quien experimenta la aparición de la Virgen, que le encarga funde la Orden de Redención de Cautivos, los Mercedarios.

–En 1519 San Juan de la Cruz tiene su primera experiencia mariana, al caer a una ciénaga mientras jugaba siendo un niño de la que es salvado presuntamente por mediación de María, situación que se repitió años después al caer de un piso, y ya de adulto al cruzar un río. La protección de la Virgen hacia este santo fue tal que en una ocasión lo salvó de morir aplastado por la caída de un muro en sus aposentos de un convento cordobés.

–El 9 de diciembre de 1531 la Virgen se apareció en México al indio que tuviera por nombre Cuauhlóhuar, bautizado como Juan Diego, pidiéndole que visitará al obispo franciscano Juan de Zumárraga y que éste construyera una capilla en el lugar donde hizo su refulgente aparición acompañada de música celestial, el Monte Tepeyac. Posteriormente hizo nuevas apariciones insistiéndole a Juan Diego que pidiera por ella su templo, así como el famoso "Milagro de Guadalupe", la aparición espontánea y ante los ojos del obispo del retrato de la Virgen en tilma en la que el indio transportaba las flores recogidas en el lugar de las apariciones como señal divina de las mismas. Milagro del que ya nos hemos ocupado en un capítulo anterior.

–El 15 de diciembre de 1631 la Virgen se apareció a un grupo de jesuitas en la ciudad de Nápoles, presagiándoles la inminente erupción del Vesubio.

–El 27 de noviembre de 1830 es la joven monja sor Catalina Labouré quien vuelve a experimentar la aparición de la Virgen en el Monasterio de las Hijas de la Caridad de la rue du Bac, en París. Le indica que haga una medalla con su imagen y una leyenda, que se convertirá en un símbolo dotado de cualidades milagrosas.

–El 19 de septiembre de 1846 los jóvenes pastores Melania Calvat y Maximino Giraud tienen su propio encuentro con la Virgen en La Salette, Francia, una señora de blanco radiante salida de un entorno de luz, que con permanentes lágrimas en los ojos portaba una corona de rosas luminosas. Curiosamente la Virgen le transmite un secreto a cada uno de ellos, del que únicamente se conoce el contenido del revelado a Melania, concerniente a los momentos previos a la Revolución Francesa, a los cambios religiosos que perjudicarán a los católicos, y hasta del nacimiento del Anticristo.

–El 11 de febrero de 1858 la Virgen se aparece en el interior de una gruta de Lourdes a la joven de catorce años Bernadette Soubirous. Es una Virgen "físicamente" muy parecida a la testigo, joven, rubia, ojos azules... apareciéndose otras 17 veces más y terminando por identificarse como la Inmaculada Concepción. Fue sin duda el toque de gracia para avalar el dogma de fe proclamado por el Papa Pío IX apenas cuatro años antes. También a Bernadette le son revelados tres secretos, y una oración especial, que nunca trascendió. No ocurrió así con la fuente milagrosa, que tantos casos de curación parece haber propiciado desde aquellos meses de 1858.

–El 17 de enero de 1871, en plena guerra entre Francia y Prusia, la Virgen se aparece en el pueblo de Pontmain, al noreste de Francia a siete niños. Se trata de "una señora hermosa y grande, vestida con una túnica azul brillante, como las bolas de añil que se usan para la ropa". Diadema, vestidos cubierto de estrellas, rostro resplandeciente, y tres horas visible en el cielo sólo para los niños. Ningún adulto logra verla.

–Desde febrero a diciembre de 1876 la Virgen se le aparece en 16 ocasiones a la monja agustina Estrella Faguette, portando un escapulario que en la última de sus apariciones le pide que dibujado se lo muestre al obispo y que lo porten los creyentes: se trata del Sagrado Corazón.

–A lo largo de 1877 la Virgen se aparece nada menos que en 160 ocasiones a dos mujeres de la población polaca de Gietrzwalde, todo un récord mariano.

–El 15 de marzo de 1917 y tras dos sueños en los que una voz le habla, Evdokia Andriánova, descubre en la Iglesia de Kolómenskoe, en Moscú, un icono milagroso de la Virgen sentada en el trono de los monarcas y con los símbolos de los zares. La revolución parece contar con el apoyo del cielo.

–El 13 de mayo de 1917 comienzan las apariciones de Fátima, en Portugal, que terminan con el milagro del Sol, dando origen a uno de los episodios marianos más desconcertantes de la historia.

–El 15 de enero de 1933 la Virgen se aparece en la localidad de Banneaux, Bélgica, a la pequeña de doce años Mariette Beco.

–El 18 de junio de 1962 comienzan las apariciones de un ángel y la Virgen en San Sebastián de Garabandal, España. Las protagonistas son cuatro niñas, Conchita González, Mari Cruz González, Mari Loli Monzón y Jacinta González, y el fenómeno se mantiene durante años, generando una polémica sobre su autenticidad que a fecha de hoy se mantiene.

–Entre 1966 y 1970 son numerosas las personas que aseguran ver la Virgen y recibir sus mensajes en Lieja, Bélgica.

–El 2 de abril de 1968 comienzan las enigmáticas materializaciones de Zeitoun, en El Cairo, Egipto, donde una figura humanoide blanquecina, y algunas palomas de similar materia son filmadas y fotografiadas en diversas ocasiones.

–En 1980 comienzan las apariciones de Prado Nuevo, en El Escorial, Madrid, fenómeno que se mantiene hoy en día protagonizado por Amparo Cuevas, envuelto en una gran controversia.

–El 24 de junio de 1981 arrancan las apariciones de Medjugorje, en la antigua Yugoslavia, concretamente en lo que hoy es Bosnia-Herzegovina. La Virgen aparece en periodo de crisis, y elige como lugar un rincón donde existe una fosa común con 2.500 víctimas asesinadas en los años cuarenta. Los testigos son seis jóvenes, cuatro chicas y dos chicos, y la Virgen comienza una serie de apariciones, que dos años después vivirían otras dos niñas, transmitiendo numerosos mensajes de la Virgen. Resulta interesante el estudio científico de los éxtasis que han tenido lugar durante muchas de estas apariciones.

–El 26 de abril de 1987 se produce la aparición de la Virgen en Grouchevo, una localidad situada a 500 Km. de la central nuclear de Chernobyl, en Ucrania. Se cumple el primer aniversario de la tragedia y la primera vidente es una niña de doce años de nombre María, a la que luego se unirían otras personas en poblados cercanos por espacio de varios meses y acompañada de fenómenos extraños.

El sol "danza" en Fátima

Aunque sea brevemente, mención aparte merecen las apariciones de la Virgen de Fátima, no sólo por la controversia y ocultismo que ha rodeado a su Tercer Secreto, explicado en el capítulo ocho de esta obra, sino por los portentos que al parecer tuvieron lugar en la última aparición. No podemos extendernos demasiado, así que resumiremos la historia ya de por sí bastante conocida.

Todo comienza oficialmente el 13 de mayo de 1917, cuando tres niños, Lucía dos Santos, de nueve años, y sus dos primos Jacinta y Francisco Marto, de siete y nueve años respectivamente, ven un extraño relámpago mientras estaban con su ganado en un paraje de Cova da Iria, cerca de Fátima, en Portugal. Pensando que se trata de una tormenta deciden regresar a sus casas, cuando observan sobre una encina la aparición de una señora vestida de blanco, rodeada de luz y emanando destellos, "más brillante que el Sol" según sus propias palabras. Esa extraña señora les indica –aunque sólo Lucía la puede oír– que regresen al lugar durante "seis meses seguidos, el día 13, a esta misma hora". Después, y tras abrir sus manos y dejar ver como emanaba luz de las mismas, e indicarles que rezaran el rosario por la paz del mundo, la Virgen se elevó rodeada en luz desapareciendo en el cielo.

Y así lo hicieron. El 13 de junio regresaron y la Virgen le habló nuevamente a Lucía revelándole que sus primos morirían pronto, como así sucedió de una grave afección pulmonar, anunciando que deseaba instaurar la devoción al Inmaculado Corazón. Para el tercer encuentro los tres pequeños pastores ya tenían a una legión de cuatro mil personas con ellos rezando el rosario. Les anuncia de nuevo que en su aparición de octubre hará un prodigio visible por todos, y le confía a Lucía los famosos tres secretos. La cuarta aparición tiene lugar el 19 de agosto, ya que el día 13 fueron detenidos y encarcelados por el administrador de Vila Nova de Ourem, Artur de Oliveira Santos como medida de presión para que le confiara el secreto. Las presiones generadas en torno a los pequeños y sus familias se hacían insoportables, y tanto la Iglesia como las autoridades se mostraban divididas.

Fenómenos ufológicos

En la quinta, la del 13 de septiembre, acompañan a los pequeños veinte mil personas dándose fenómenos tan curiosos como la lluvia de pequeños corpúsculos blancos, similares a copos de nieve, que se deshacen antes de llegar al suelo, un hecho registrado ocasionalmente en la casuística ufológica del último siglo.

Finalmente, en la sexta y última aparición "oficial", la del 13 de octubre, se calcula que se habían congregado al reclamo del anunciado prodigio nada menos que sesenta mil personas, una cifra digna de los espectáculos de masas de nuestros días. Fue un día lluvioso, y el entorno se había convertido en un lodazal por el que transitaba la muchedumbre; rodillas sobre el terreno en actitud de oración, enfermos por doquier, curiosos merodeando, algunos periodistas… La Virgen se apareció a los pastores a mediodía y una vez más sólo ellos pudieron verla, aunque personas aseguran percibirla, revelando finalmente su identidad a Lucía: la "Señora del Rosario". También le pidió que se le construyera una capilla en el lugar, asegurando que curaría a algunas de las personas allí presentes que tuviera fe. Finalmente y tras anunciar que "La guerra está acabándose y los soldados volverán pronto a sus casas", comenzó a elevarse para finalmente desaparecer, dando paso al prodigio conocido como el milagro del sol de Fátima.

Una de las descripciones más detalladas del fenómeno la ofreció el profesor de Ciencias de la Universidad de Coimbra, José María Proença de Almeida Garrett, quien declaró que tras abrirse un claro en el cielo surgió un extraño Sol "semejante a un disco de contornos nítidos, plano y brillante. No se podía confundir con el sol visto a través de la niebla, del que no había rastro, ya que no se mostraba ni confuso ni velado, sino de bordes nítidos. Las nubes que pasaban de este a oeste no escondían la luz del astro, de manera que se tenía la impresión de que pasaban por detrás del mismo, y no por delante. Resulta sorprendente que durante tanto tiempo fuese posible observarlo sin la menor molestia para los ojos (...)
Al poco tiempo empezó a emitir, en rápida sucesión, chorros de luz azul, roja, violeta, amarilla y verde. El sol pareció enloquecer. Como lanzado por una mano invisible y omnipotente, rebotó varias veces en el cielo para luego caer con una serie de saltos hacia la tierra, mientras la temperatura subía rápidamente".
El asombroso y desconcertante relato fue suficientemente contrastado con otros muchos, incluidos los de observadores escépticos que se vieron sobrecogidos con los hechos, que coincidieron en describir el fenómeno en términos similares. Lógicamente no se trató del Sol ni de ningún fenómeno astronómico conocido, pero fuera lo que fuera aquel extraño disco, quiso sin duda hacer pensar a los presentes que se trataba del mismísimo astro rey.
Durante diez minutos el disco luminoso estuvo realizando movimientos diversos y cambios de tonalidades hasta finalmente desaparecer en el cielo nublado, siendo observado desde localidades distantes varios kilómetros de Cova de Iria. Incluso se pudo constatar que las personas que se encontraban en un radio de medio centenar de metros de la encina, sintieron el calor de una forma más intensa llegando a secarse sus ropas y el terreno en el que estaban. Un fenómeno físico que añade extrañeza al ya de por sí enigmático milagro del Sol. Los mayores

expertos en las apariciones de Fátima y las implicaciones ufológicas de las mismas son sin duda Joaquín Fernandes y Fina d'Armada, autores del imprescindible *Intervención extraterrestre en Fátima*, una obra fruto de varios años de investigación en los que accedieron a los documentos originales, descubriendo cosas realmente desconcertantes. Además de curaciones y testimonios diversos que hablan de fenómenos extraños de índole ufológica, como la ya citada caída de los llamados "cabellos de la virgen", llama poderosamente la atención la descripción original hecha por los pastorcillos de la "Virgen", que posteriormente se identificaría como la "Señora del Rosario", un ser que al hablar no movía la boca y cuyos movimientos casi parecían robotizados:

"Era una persona de apariencia femenina muy hermosa, envuelta en una luz deslumbrante. Con una altura de alrededor de un metro y diez centímetros, aparentaba una edad entre los diez y los quince años. Vestía una falda estrecha, un corpiño y un manto. Su ropa era blanca y presentaba un dibujo de hilos dorados que, al entrecruzarse, creaban una especie de enrejado. El corpiño tenía dos tiras en las muñecas, y en la cabeza la figura llevaba algo que le ocultaba el pelo y las orejas. Los ojos eran negros. Tenía unos circulitos a los lados del cuello y una esfera luminosa en la mano. Llegó desde arriba y desapareció poco a poco en sentido contrario".

Es obvio que posteriormente este retrato robot se modificó adaptándolo a una iconografía algo más mariana, como ocurriría también con el "Ángel" que tanto antes como durante las apariciones marianas también se manifestó ante los pequeños videntes. Es necesario señalar que aunque sin tanta contundencia como en el caso de Fátima, la observación de relámpagos y bolas luminosas, así como las lluvias de cabello de la virgen también han sido registrados en otras apariciones marianas, siendo elementos que conectan ambos enigmas y que hacen aún más compleja la compresión del fenómeno de las apariciones marianas. ¿Es realmente la Virgen la que se aparece, o se trata de otro tipo de entidades que se identifican en función de las creencias y cultura de aquellos a los que se manifiestan? ¿Por qué esos paralelismos con el fenómeno OVNI? ¿Acaso la fenomenología paranormal que rodea a las apariciones marianas –materializaciones, trances, profecías, curaciones, etc...– nos sugiere que la respuesta a estos hechos tenemos que buscarla en el ámbito de las supuestas capacidades paranormales del ser humano?

El lector comprenderá que con las apariciones marianas ocurre lo mismo que con otras manifestaciones del misterio en nuestros días: pensar en el fraude como única explicación nos evita, a pesar de las evidencias a favor de la realidad física del fenómeno, tener que buscarle respuesta a tan trascendentales cuestiones. Ustedes eligen.

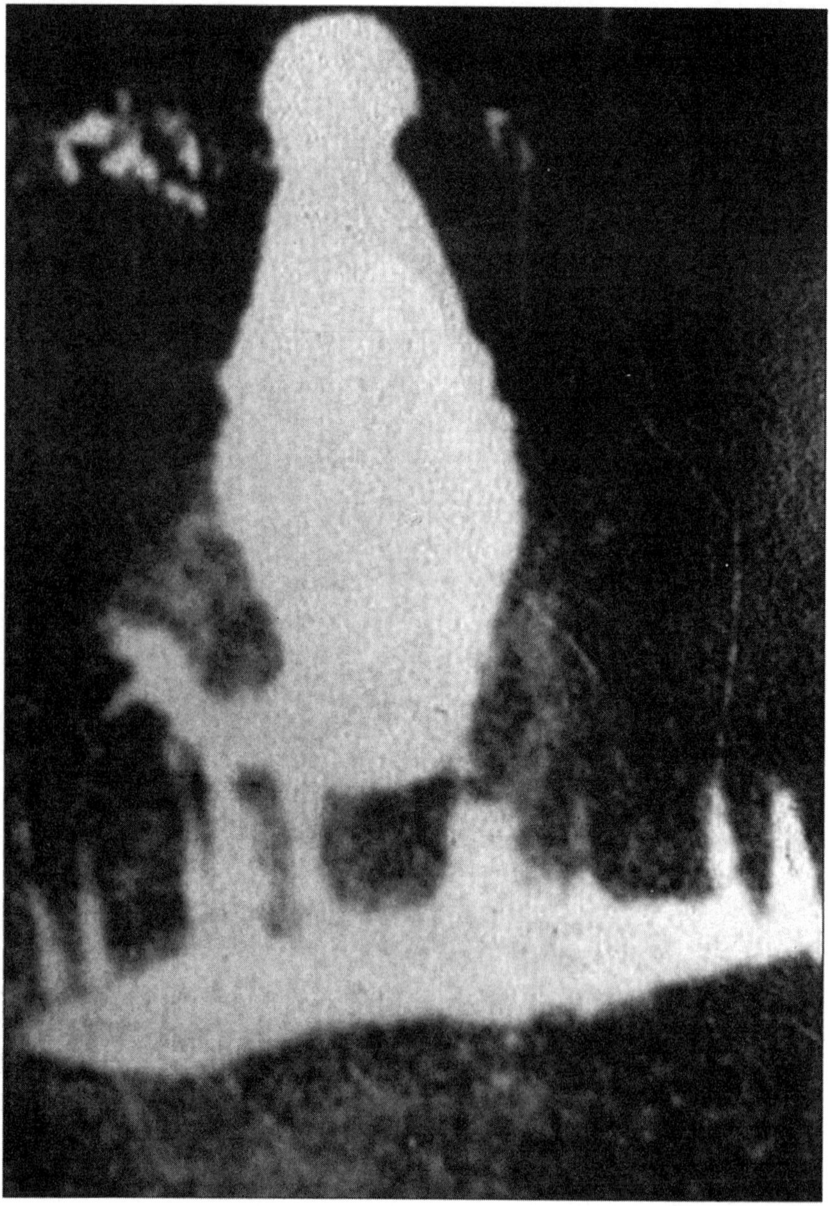

Las apariciones marianas de Zeitoun (Egipto, 1968) resultaron especialmente espectaculares. Fueron fotografiadas en numerosas ocasiones.

Imagen de los tres pastorcillos de Fátima.

Una de las pocas imágenes del día en que danzó el Sol en Fátima.

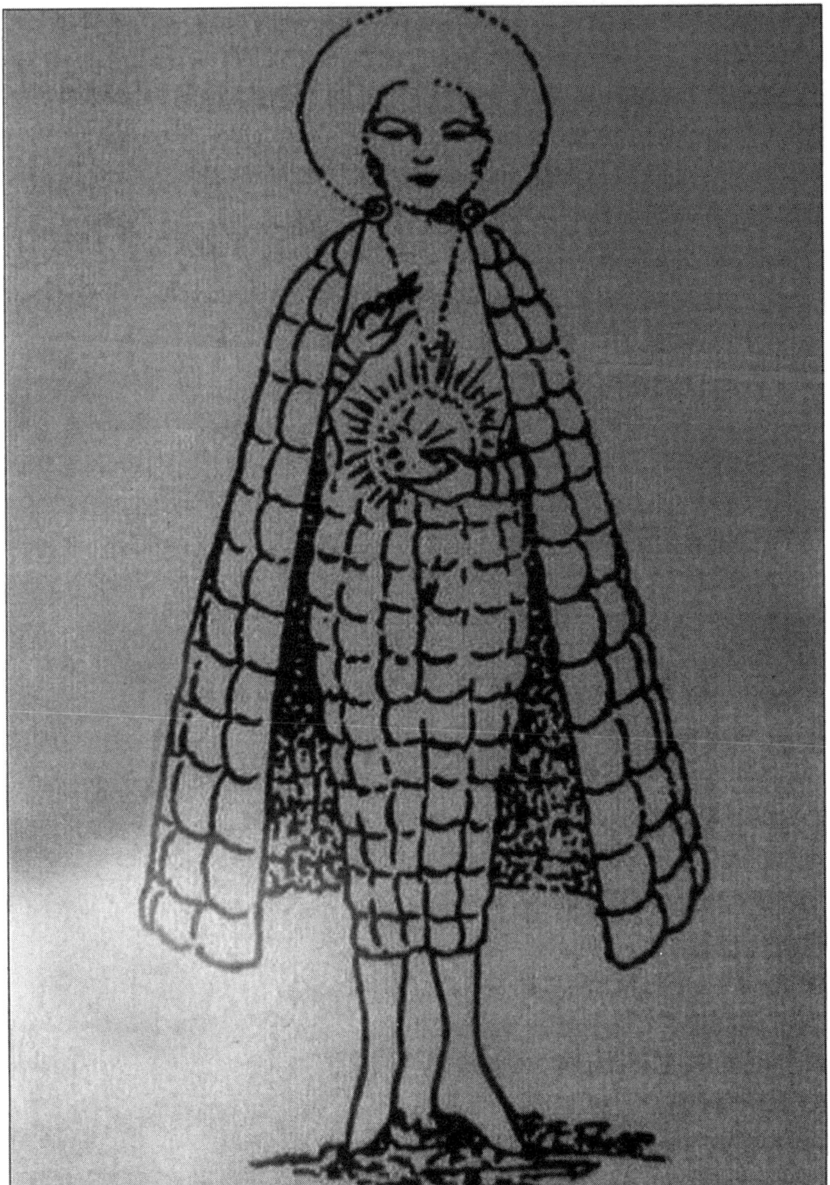

Éste era el auténtico aspecto de la "Señora" aparecida en Fátima.

Recreación de la Danza del Sol contemplada por más de sesenta mil personas en Fátima.

Capítulo 8

PROFETAS Y VIDENTES DE LA IGLESIA

De San Malaquías a Juan XXIII y el Código Secreto

"Acabo de ver algo terrible. ¿Me sucederá a mí? ¿Tal vez a mi sucesor? No lo sé. Lo único que puedo decir con certeza es esto: llegará un día en que el Papa abandonará Roma y para ello tendrán que llevarle, por estar enfermo, pasando por encima de los cuerpos muertos de sus cardenales. Y habrá de ocultarse, disfrazado, en un retiro forzoso, lejos de Roma, hasta sufrir una muerte desdichada".

Tal y como hemos podido comprobar en capítulos anteriores, especialmente en el dedicado a los fenómenos paranormales en el cristianismo, la adivinación del futuro ha sido una constante en el mundo de la religión, una manifestación sobrenatural por medio de la cual se ha intentado a lo largo de milenios moralizar a los fieles, y especialmente ejercer cierto grado de control sobre sus hábitos, creencias y vivencias cotidianas. Los pronósticos inspirados por la divinidad de índole apocalíptico, por su estrecha relación con la muerte y el inexorable Juicio Final que lleva implícito la vida eterna en el paraíso o en el temido castigo infernal, fueron en siglos pasados un eficaz sistema para llenar las iglesias, recaudar pingües beneficios y dotar al clero de grandes dosis de poder no siempre usado de la forma más acorde con la moral predicada. No obstante la instrumentalización del fenómeno profético excede el objetivo de este capítulo, en el que buscamos brindarle al lector la oportunidad de conocer personajes que han destacado dentro del cristianismo por su aparente capacidad de adelantarse al futuro.

Apocalipsis y anticristo

El *Apocalipsis* de San Juan es sin ningún género de dudas el libro más enigmático de la *Biblia*. Considerado todo él como una profecía en potencia, aunque confeccionada con un intrincado lenguaje simbólico que ha complicado sobremanera los intentos por descodificarlo, la "Revelación" supuestamente escrita por Juan el Evangelista en la isla de Patmos hacia finales del siglo I, describiría en conjunto el devenir de la humanidad con especial interés en los últimos tiempos. Veintidós capítulos componen un complejo texto lleno de alegorías y metáforas, que a lo largo de los siglos ha recibido las más variadas interpretaciones. De hecho, la mayoría de los especialistas coinciden en afirmar que San Juan utiliza imágenes y acontecimientos de su época y entorno inmediato para confeccionar su obra, de tal manera que esa revelación transmitida al evangelista por un ángel aludiría exclusivamente a los primeros años del Cristianismo. De hecho, San Juan envía tras experimentar su visión profética una carta a cada una de las Siete Iglesias de Asia, a saber, las de Efeso, Pérgamo, Filadelfia, Laodicea, Esmirna, Tiarina y Sardes, algo que delata a juicio de muchos el carácter localista del texto mientras que otros lo ven como una representación del futuro de la Iglesia dividido en siete épocas. No obstante, tanto las persecuciones a las que fueron sometidos los primeros cristianos, la caída del Imperio Romano, la Revolución Francesa, las guerras mundiales o el auge del Comunismo, han constituido episodios históricos que a lo largo del tiempo han sido vistos como los hechos narrados en el texto de San Juan. Mientras, personajes como Nerón, Juliano el Apóstata, Napoleón, Hitler, George Buch e incluso el magnate de la informática Bill Gates, serían el temido Anticristo que para muchos expertos preconiza el Apocalipsis, cuando se refiere a la Bestia, cuyo reinado de terror simbolizado por su número, el 666, precederá al Final de los Tiempos.

Básicamente el discípulo amado de Jesús preconiza la segunda venida de Cristo, rodeada de acontecimientos diversos, como la liberación de los Cuatro Jinetes del Apocalipsis: Justicia Divina, la Guerra, el Hambre y la Peste; o la apertura de los Siete Sellos, tras los cuales llegará el Juicio Final junto a todo tipo de cataclismos y la caída sobre la Tierra de lo que a todas luces parece un meteorito, la estrella Ajenjo.

El *Apocalipsis* contiene un pasaje cuya interpretación dio pie al fenómeno del milenarismo, el miedo a un final del mundo desencadenado por todo tipo de catástrofes relacionado con un periodo de mil años:

"Y cogió al dragón, la serpiente antigua que es el Diablo y Satanás, y la ató para mil años; y lo lanzó al abismo, y cerró, y puso el sello por encima de él para que no seduzca ya más a las naciones hasta que se hayan cumplido los mil años. Pasados éstos, tiene que ser desatado por breve tiempo".

Por ello, y salvado el delicado lance del 1000 d.C. en el que los fenómenos de histeria colectiva se propagaron por buena parte del mundo cristiano, la nueva fecha para el desenlace de la humanidad se fijó principalmente en el año 2000. Por eso no es de extrañar que símbolos revelados por el Ángel de Dios a San Juan, hayan sido interpretados a la luz de la sociedad moderna y los acontecimientos de hoy en día, siendo el caso más explícito el de la Bestia y su número, el 666:

"Le permitieron infundir aliento en la imagen de la bestia, de modo que la imagen hablara e hiciera morir a los que no adoraban la imagen de la bestia. A todos, pequeños y grandes, ricos y pobres, libres y esclavos, hace que les ponga una marca en la mano derecha o en la frente; de modo que el que no lleve la marca con el nombre de la bestia o con los números de su nombre no pueda comprar ni vender. ¡Aquí del talento! El perspicaz que calcule el número de la bestia; es número de una persona y equivale a 666". (San Juan, 13;15-18)

Esa bestia y su número representarían un duro sistema capitalista de falsa democracia y libertad, sistema en el que nuestra autonomía y capacidad de elección sería por completo ficticia. Actualmente viviríamos bajo el yugo invisible del Anticristo, y su número "666" aparecería camuflado como marca de dicho sistema en tarjetas de crédito, claves informáticas, códigos de barras, logotipos e imágenes corporativas de multinacionales, sistemas de seguridad de bancos, etc.

San Malaquías y el final del papado

El segundo puesto en orden de importancia y popularidad dentro del capítulo de profecías ligadas al Cristianismo lo ocupa con todo mérito el grupo de pronósticos de San Malaquías. Conocidas como las "Profecías de los Papas", este conjunto de pequeños textos se desarrollan en un marco y secuencia que facilita su interpretación, de tal manera que su alcance se circunscribe exclusivamente al papado, que no es poco, y su orden sigue una lógica y estricta secuencia de una frase por cada pontífice. De esta manera la primera sentencia se referiría al Santo Padre contemporáneo de Malaquías, y la última al Papa cuyo mandato pondrá fin a la Humanidad, al Papado o a la mismísima Iglesia como institución. Y es que los más apasionados estudiosos de la profecías papales atribuidas a San Malaquías no dudan en defender la abrumadora exactitud de las 111 sentencias que conforman el famoso documento profético, ignorando con ello otros aspectos si cabe más importantes, como por ejemplo su influencia a la hora de elevar al trono de San Pedro a varios Papas. En todo caso y si hacemos caso al número de sentencias proféticas, el acertijo está próximo a resolverse, ya que tan sólo restarían dos pontífices para conocer el desenlace final.

Malaquías, un obispo visionario

Nacido en el año 1094 en la ciudad irlandesa de Armagh, desde muy joven Malachy O'Morgair destacó como un ser especial, tocado por una inusual sensibilidad hacia lo espiritual. Al menos eso se desprende de la biografía que de Malaquías escribió el mismísimo San Bernardo de Clairvaux, entre los que existió mutua admiración y una intensa amistad. Siendo un adolescente comenzó a seguir el ejemplo del ermitaño Ismhar O'Hegan, poniéndose bajo su dirección espiritual y formando junto a otros seguidores una pequeña comunidad, de la que Malaquías destacaría hasta el punto de impresionar al obispo de Armagh, Celso, quien a los 20 años lo nombra diácono y a los 25 años sacerdote, cinco años antes de lo establecido por norma. Su recta moral y la intensidad con la que se entrega al servicio de los pobres y al impulso de su fe, hacen que con tan sólo 30 años sea nombrado obispo de Connerth, convirtiéndose años después en arzobispo de Armagh y en primado de Irlanda, la más alta dignidad eclesiástica del país. Poco después viviría un encuentro decisivo al conocer a San Bernardo, empapándose de su espíritu renovador y emprendedor. Para algunos estudiosos es precisamente aquí, durante su estancia en el Monasterio cisterciense de Clairvaux, cuando Malaquías escribe las profecías de los Papas. Diez años después, tras numerosas vicisitudes en su trayectoria reformista y unificadora de la iglesia celta irlandesa, nuestro protagonista inicia un viaje a Francia con el fin de encontrarse con el Papa Eugenio III, a quien finalmente no logra ver, ya que tras caer enfermo la muerte le sorprende el día de Todos los Santos en brazos de su admirado San Bernardo. Precisamente sería éste quien promovería el proceso de beatificación que elevaría a Malaquías a los altares en el año 1190, escribiendo incluso una biografía, *Malachiae Vitae,* en la que pone de manifiesto sus dotes proféticas:

"Las disciplinas reconocieron que Malaquías gozaba del espíritu de la profecía... Si nos fijamos bien en los hechos llevados a cabo por él, nos daremos cuenta que entre ellos no faltan profecías, revelaciones, castigos de impíos, gracias de curación, conversiones, resurrecciones de muertos... Dios, que lo amaba, lo adornó con todas sus glorias".

Sin embargo, y a pesar de la buena prensa de San Bernardo, no hay ni una sola referencia a la profecía papal en la biografía del santo, apareciendo la primera mención sobre su existencia nada menos que cuatro siglos y medio después.

Arnaldo de Wyon, ¿el auténtico autor?

Y es que hasta el año 1595 nada se supo de aquellos crípticos pronósticos sobre el devenir de la más poderosa e influyente institución religiosa de todos los tiempos: el papado. Fue ese año cuando aparece publicada la obra *Lignum Vitae ornamentum et decus Ecclessiae*, del monje benedictino Arnaldo de Wyon, en la que se realzaba la vida de diversos benedictinos, entre ellos Malaquías, del que tras relatar algunos episodios de su vida dice lo siguiente: "Escribió algunos opúsculos. Hasta hoy no he tenido la oportunidad de ver ninguno, excepto una profecía relativa a los soberanos pontífices. Como es muy breve, y que yo sepa no ha sido impresa todavía, y dado que a muchos les complacería conocerla, paso a copiar aquí su texto". En este punto comienza la reproducción de las 111 divisas, que arrancan desde el Papa Celestino II (1143-1144) y acaban con una sentencia dedicada a Pedro el Romano, el último de los Papas. Las primeras 74 divisas, hasta el Papa Urbano VII (1590), iban acompañadas de un breve comentario explicativo escrito por el sabio dominico español Alfonso Chacón, un profundo conocedor de la historia de los pontífices. Es precisamente en este punto donde comienzan las controversias sobre la autoría de las profecías. Como ya señalamos, hasta esa época nada se sabía del texto profético, lo que no impide que realmente fuera Malaquías su autor y que por razones desconocidas decidiera ocultarlo. Sin embargo, los críticos señalan a Wion como el auténtico autor, que abusó de la confianza de Chacón para darles validez, aunque no faltan voces que apuntan al propio Chacón como el autor del texto. La razón, influir con el lema 75 *Ex antiquitate urbis* (de la ciudad antigua) en la elección como Papa de su amigo el cardenal Simoncelli, obispo de Orvieto *(Urbs vetus,* ciudad vieja). A pesar de haberse difundido la profecía entre los cardenales provocando encendidas discusiones, el elegido fue otro, Gregorio XIV, nacido en Milan (Milano, de *mille annum*, ciudad antigua). Aunque interesante, la hipótesis de Chacon-Simoncelli pierde sentido al no haber sido elegido éste como Papa, reiterándose en el mismo error al publicar cinco años después las profecías, en una fecha en la que ya no existían razones para hacerlo. Desde su publicación muchos eruditos y sabios se han dedicado a su análisis, un análisis que se muestra especialmente atractivo en las sentencias atribuidas a los Papas que gobernarían a partir de 1595.

Como anillo al dedo

Si las sentencias fueron elaboradas a finales del siglo XVI, resulta obvio que las primeras 74 se ajustarían como anillo al dedo a los pontífices que habían ocupado el trono de San Pedro hasta la fecha de su publicación. Veamos algunos ejemplos. El primero de los lemas, *Ex castro Tiberis* le correspondió a Celestino II (1143), que nació en un castillo junto al río Tíber. Por su parte, Eugenio III (1145) el tercero de los Papas, fue señalado con el lema *Ex magnitudine montis*, habiendo nacido en Montemagno. Otros ejemplos elegidos al azar serían los de Clemente IV (1265), el 22 de la lista, cuyo lema *Drago Depressus* (Dragón Apresado) se explicaría al tener en su escudo un dragón apresado por un águila, o el de Nicolás V (1328), cuyo lema *Corvus Schismaticus* (Cuervo Cismático) haría referencia a su lugar de nacimiento, Corbaro, y al hecho de ser considerado antipapa.

Pero, ¿qué lectura podemos hacer de las sentencias de los últimos cuatro siglos? De entrada su redacción sigue la misma tónica de las anteriores, al igual que su interpretación, basada fundamentalmente en el lugar de nacimiento, el escudo familiar o un hecho significativo de la vida del pontífice. Un ejemplo paradigmático lo constituye el caso de Clemente X, elegido Papa en el año 1670 y al que le correspondía el lema 85, *De flumine magno* (Del gran río).

El nuevo pontífice había nacido en Roma, a orillas de un río Tíber que ese día estaba desbordado y de cuyas aguas fue salvado por su nodriza. Incluso el día de su coronación fue saludado con varios arcos donde se leía la sentencia de Malaquías.

A Urbano III (1623) le correspondía el lema *Lilium et rosa* (Lirio y rosa) flores que estaban claramente reflejadas en su escudo. El lema *Quila Rapax* (Águila rapaz) el correspondió a Pío VII (1800), quien fue raptado

por Napoleón, para quien el águila era un símbolo vital. León XIII (1878) llevaba en su escudo un cometa de oro sobre fondo azul, siendo su lema *Lumen in coelo* (Luz en el cielo).
Podríamos seguir así hasta completar casi por completo la lista, incluyendo también a los Papas Inocencio X y Clemente IX, cuya elección estuvo claramente influenciada por sus lemas correspondientes. Sin embargo, a las puertas del nuevo milenio resulta ciertamente apasionante observar como estamos llegando al final de la lista, al desenlace de las profecías de Malaquías.

El último Papa

El malogrado Juan Pablo I estuvo marcado por el lema 109 *De medietate luna* (de la mitad, o por mediación, de la luna), lo que algunos interpretaron como una señal de su corto pontificado, interrumpido por su misteriosa muerte a los 33 días de ser elegido. Su nombre, Albino Luciani, también parecía sugerir claramente al astro de la noche. En cuanto al actual Papa, Juan Pablo II y su lema *De labore solis* (Del trabajo del sol), alude según algunos interpretes a su lugar de nacimiento, Polonia, al este de Europa, por donde el sol se levanta, a los numerosos eclipses de sol registrados en los últimos años acompañada de una actividad solar intensificada, e incluso a su incansable condición de viajero, "iluminando" con el sol de su fe todo el mundo.
La última de las divisas, *De gloria olivae* (De la gloria del olivo) ha sido objeto de diversas interpretaciones. Para algunos al futuro Papa habrá que buscarlo entre cardenales de la orden benedictina, conocida también como orden olivetana, o bien habrá que estar atentos a los escudos en busca de alguna rama. Otros no dudan en afirmar que tendrá mucho que ver con los judíos, por ser el olivo uno de los símbolos de Israel, mientras que algunos interpretes más crípticos apuestan por una lectura conjunta de la divisa de Malaquías y del pasaje bíblico del *Apocalipsis* correspondiente al sexto Ángel, en el que los dos testigos son llamados

"olivos", y que preceden al séptimo y último ángel que anuncia el fin de la lucha entre el bien y el mal. La profecía de Malaquías concluye con el más extenso de los párrafos:

In persecutione extrema sacrae Romanae Ecclesiae sedebit Petrus Romanus, qui pascet oves in multis tribulationibus; quibus transactis, citivas septicollis diruetor et Judex tremendus judicabit populum.

"En la última persecución de la Santa Iglesia Romana ocupará la sede un romano llamado Pedro, que apacentará las ovejas en medio de grandes tribulaciones; pasadas las cuales, la ciudad de las siete colinas será destruida y el juez tremendo juzgará al mundo".

Sin duda se trata del menos críptico de los párrafos, pues hace una referencia clara a un gran pontífice, Pedro el Romano, que pondrá orden en la Iglesia, destruyéndose Roma –o finalizando el papado– antes del Gran Juicio.

¿Cuándo tendrá lugar? Para algunos el último Papa ya tendría que estar reinando si las estadísticas funcionaran, en base al promedio en años que ocupan su cargo los pontífices. Otros interpretes asumen que la divisa 73, correspondiente a Sixto V y que reza *Axis in medietate signi* (Eje en medio del signo) marca la mitad temporal de la profecía, por lo que el final de la misma debería situarse en el año 2027, fecha que resulta de sumar al año 1585 de Sixto V, la cifra de 442, que es el periodo en años desde el inicio de la profecía (1143) hasta el eje de los pontífices. Sea cual sea la solución a las enigmáticas profecías, ese inexorable juez que es el tiempo nos dará la respuesta.

Profetas y santos

Al igual que como sucede en la mayor parte de las religiones, en el cristianismo encontramos múltiples ejemplos de hombres y mujeres tocados por el don de la profecía, es decir, seres humanos a través de los cuales Dios revela a los creyentes los acontecimientos futuros que están por venir y que afectan a la colectividad. Ésta es su principal diferencia en relación a otros personajes capaces de adelantarse al futuro: el profeta es un medio que usa directamente la divinidad, mientras que por ejemplo el vidente utiliza habilidades innatas o el conocimiento del significado de símbolos y señales. En la *Biblia* existe un buen número de personajes que manifiestan el don de la profecía, como es el caso de Isaías, Ezequiel, Daniel, Joel, el ya citado San Juan Evangelista, San Pablo y por supuesto, el propio Jesús. No obstante, los dos mil años de la era cristiana también han contado con un buen número de santos, místicos y religiosos de diversa condición, que nos han dejado las más variadas visiones del futuro.

El admirado y recordado Joaquín Gómez Burón destacaba entre esos personajes a San Metodio, obispo que murió mártir en el año 255 y al que se considera autor de una larga profecía en la que algunos intérpretes gustaban ver el fin de los tiempos fijado hacia el año 2000.

"En el séptimo tiempo gran parte del clero prevaricará también y se verá suprimido y cesará en las iglesias el Santo Oficio".

"Al cumplirse el número de los años señalados por Dios al poder de estos bárbaros se multiplicarán todavía las tribulaciones por medio del hambre y la peste. Otra plaga habrá también: cada cual se verá obligado a vender cuanto tenga, aún a sus propios hijos, para satisfacer la insaciable hambre de sus perseguidores. Con estos trabajos, el Señor separará la paja del buen grano y aparecerán los elegidos entre los infieles".

"Este jugo impuesto por los hijos de Ismael será tan pesado que quitará a los cristianos la esperanza de verse libres de sus manos. Aquellas bárbaras naciones, ebrias por sus triunfos, se entregarán a toda clase de placeres y, orgullosos de su poder, se creerán que los cristianos jamás podrán escapárseles. Más entonces, con gran furor, se levantará de improviso el Rey de los griegos, o sea, de los romanos, y se despertará como un hombre que, tomado de fuerte embriaguez, se creía muerto. Éste caerá sobre ellos desde el mar de los Etíopes, y con gran espada pondrá la desolación en las tribus allí establecidas, y hará prisioneros a sus hijos y esposas".

La profecía se desarrolla en el contexto de una auténtica guerra de religiones, de enfrentamientos entre pueblos de dos mundos y culturas diferentes. Continúa explicando como los cristianos volverán a vivir en paz y como los infieles serán castigados, pero apenas como una etapa más tras la cual volverá el abandono de las virtudes y el agradecimiento a Dios, cayendo en desgracia hasta la llegada del Anticristo. Sus habilidades milagrosas encandilarán a los fieles hasta que "Multiplicándose en aquellos días las tribulación por parte del Anticristo, Dios no permitirá más que se engañen los hombres redimidos. Mandará a Enoch y a Elías, los cuales declararán falsos los prodigios del Anticristo (...) El seductor, al verse reprendido y despreciado, se enfurecerá y dará muerte a aquellos santos de Dios. Entonces aparecerá la señal del Hijo del Hombre y vendrá sobre las nubes del cielo..."

El fin de los tiempos y del mundo es una constante, tal y como señalamos al comienzo de este capítulo, así como las catástrofes, plagas y acontecimientos dramáticos cernidos sobre los pueblos por su impostura y abandono a los placeres mundanos. Y muchos son los que se han referido a esos sucesos, posiblemente pensando que tendrían lugar en su misma época. A través de esos presagios es bastante probable que plasmarán sus miedos y temores ante las circunstancias que les rodeaban, aunque con el paso de los siglos tales presagios iban siendo reinterpretados y adaptados a los nuevos tiempos, y por supuesto, al contexto religioso y político que se vivía. San Vicente Ferrer fijó ese Fin de los Tiempos para el año 1412, aunque una de las señales de la cercanía de ese desenlace parece más propia de nuestros días:

"Los días están ya a las puertas. Veréis una señal y no la conoceréis, pero advertir que en aquel tiempo las mujeres vestirán como los hombres y se portarán según sus gustos y licenciosamente y los hombres vestirán vilmente como las mujeres".

Un personaje que llama poderosamente la atención es la religiosa benedictina Santa Hildegarda, mística indiscutible de su época que vivió en Renania durante el siglo XII y tuvo una notable influencia sobre gobernantes de la época.

A ella se le atribuye una amplia obra rica en visiones espirituales y que incluye un auténtico vademécum de remedios naturales, aunque la faceta que nos interesa es la de su habilidad profética. De esta manera algunos autores como J.R. Jochmans le atribuyen el haberse adelantado al descubrimiento de América nada menos que tres siglos. "Esta profetisa –escribe Jochmans– anunció que un día surgiría una gran nación al otro lado del océano, que será habitada por gentes de diversas tribus y procedencias, una descripción muy ajustada del crisol americano, donde se han mezclado inmigrantes de muy diversos países. Sin embargo la santa advertía de posibles peligros para esta nación, todos los cuales se presentarían coincidiendo poco más o menos con la aparición de un gran cometa (…)

Justo antes de la llegada del cometa, predice santa Hildegarda, muchas naciones serán devastadas por terremotos, tormentas y grandes oleadas de agua, que causarán muchas plagas y desolación. El océano anegará muchos otros países y, a causa de ello, todas las ciudades costeras vivirán temerosas, y un gran número de ellas serán destruidas. La segunda calamidad –prosigue el autor estadounidense– consistirá en una guerra terrible. En una gran batalla, en la cual tomarán parte casi todos los pueblos de la Tierra, la gran nación perderá sus colonias de Oriente como resultado de la malévola intervención de dos jefes orientales, a quienes en la profecía se alude simplemente como el Tigre y el León (…)

Durante esa pugna futura, un viento poderoso se levantará del norte y transportará una niebla espesa y un polvo densísimo, que llenará los ojos y las gargantas y hará que cese la carnicería y queden todos poseídos de un gran temor. En términos modernos, podríamos identificar esa niebla y ese polvo con algún tipo de arma química o bacteriológica". Según parece, la destacada religiosa le escribió una carta profética al emperador Conrado, una misiva en la que divide el futuro y sus acontecimientos en etapas, partiendo de la época en la que vivía.

"Primera edad: Escuchad. Hay algunos puntos en los cuales os apartáis de Dios. La época en la que vos vivís se presenta con un carácter afeminado: los tiempos son ligeros y hasta se lanza contra la religión a la injusticia".

"Segunda edad: Pero después vendrán tiempos peores: los verdaderos israelitas serán flagelados y el trono de las potencias católicas será conmovido por el error".

"Tercera edad: Después de estas cosas vendrán días en que la fuerza renacerá mayor que en el pasado. Entonces la justicia de Dios se levantará un poco y se buscará arrojar del pueblo cristiano la injusticia".

"Cuarta edad: Pero más tarde vendrán otros tiempos en los cuales las iglesias ricas serán robadas, el pueblo santo vendrá como a ser devorado por los lobos".

"Quinta edad: Después de que algunos ocuparan entre ellos el primer rango se irán a la soledad, llevarán en adelante una vida pobre con una gran constricción de corazón".

"Juicio Final: Estos errores Dios los destruirá y los exterminará según su presciencia y su querer".

Santa Brígida de Suecia en la Edad Media, el obispo alemán Holzhauser, y el también germano Luis Emrich, en el siglo XVII, las místicas Ana Catalina Emmerich, Marie Julie Jahenny, Ana María Tiagi y Helen Wallraf, junto a San Juan Bosco durante el siglo XIX, constituyen apenas un ejemplo más de religiosos que aseguraban estar tocados por la divinidad y ser capaces de adelantarse al futuro con vaticinios en su mayor parte negativos, con reiteradas alusiones a persecuciones en el seno de la Iglesia y destrucción de sus instituciones y bienes, periodos de oscuridad que precedían al final de los tiempos, etc.

El Tercer Secreto de Fátima

Dos últimos ejemplos nos servirán para mostrar al lector la vigencia de estas figuras proféticas en el seno del cristianismo moderno, y más concretamente en el contexto católico, dado que también hay destacados casos en las iglesias ortodoxa y protestante, así como en aquellas iglesias menores o cultos que a lo largo de los tiempos han surgido o bebido de la tradición cristiana o incluso del judaísmo.

La historia del Tercer Secreto de Fátima constituye uno de los episodios más controvertidos del catolicismo de nuestros tiempos, teñido de secretismo, manipulación, especulación, intereses contrapuestos y auténticas conjuras de palacio que aún a fecha de hoy se mantienen activas. Indiscutiblemente el tan traído y llevado Tercer Secreto está íntimamente ligado a las apariciones de la Virgen ocurridas en la localidad portuguesa de Cova de Iría, en 1917, de las que ya nos hemos ocupado en otro capítulo y cuyos detalles omitimos aquí. Aquellos encuentros de los tres pastorcillos, Lucía dos Santos, Jacinta y Francisco Marto, que comenzaron el 13 de mayo y se prolongaron hasta el 13 de octubre del mismo año, dejaron una imborrable huella en la historia, aunque fueron los mensajes revelados por la misteriosa aparición el 13 de julio de 1917 los que sin lugar a dudas han mantenido viva esta historia como ninguna otra. La portadora del mensaje, dividió en tres partes y conocidos como los tres secretos de Fátima fue Lucía, quien al parecer continuó recibiendo visitas de la Virgen en los conventos de clausura de Pontevedra y Tuy, donde aquel extraño ser que como ya vimos algunos autores se resisten a vincular a la imagen mariana popularizada por la Iglesia, completó supuestamente el mensaje.

Los mensajes quedaron guardados en la memoria de Lucía durante 24 años, hasta que por indicación del obispo de Leiría comenzó a redactar sus memorias, entre ellas los secretos, el último de los cuales no fue puesto por escrito hasta enero del año 1944. Éste último texto no podía ser desvelado hasta 1960, y con el sello de *Secretum Santi Officii* el texto fue pasando de las manos de las autoridades eclesiásticas portuguesas a las del Papa Pío XII en 1957, que no se atrevió a abrirlo, y a las de Juan XXIII, que el 17 de agosto de 1959 lo abrió sobrecogiéndose con su contenido. Sus biógrafos aseguran que exclamó "No quiero ser profeta de tanta desgracia", y algo de cierto debió de haber en ello ya que unos meses más tarde un comunicado oficial del Vaticano informaba que el secreto no se haría público. Hay quien asegura que Juan XXIII tampoco lo leyó, o que cuando lo hizo comprendió que no hablaba de su época. El secreto fue entregado a Pablo VI y a Juan Pablo I, ninguno de los cuales lo hizo público, y con su llegada al papado, la responsabilidad del mensaje de Fátima pasó a manos de Juan Pablo II, quien tras muchos años terminó por hacerlo público en su totalidad el 26 de junio de 2000, a través de la Congregación para la Doctrina de la Fe, la sucesora del Santo Oficio.

Pero vayamos por partes. El primero de los secretos se ha querido asociar a la prematura muerte de los dos hermanos, Jacinta y Francisco, que fueron víctimas de una afección pulmonar, posiblemente la gripe. Sin embargo, esta revelación se produjo en la aparición del 13 de junio, cuando Lucía deseaba pedirle a la Virgen que les llevase con ella y la aparición le dijo "Sí, a Jacinta y a Francisco los llevaré enseguida, pero tú te quedas aquí algún tiempo más. Jesús quiere servirse de ti para darme a conocer y amar. Quiere establecer en el mundo la devoción a mi Inmaculado Corazón. A quien la abrazase prometo la salvación, siendo su alma querida por Dios como flor puesta por mí para adornar su Trono".

Poco después fallecieron sus dos acompañantes, mientras Lucía lleva algún tiempo más viviendo, de momento 85 años más a fecha de hoy. Por tanto el contenido fue otro, redactado por Lucía en 1927 y retocado al menos en 1941, aunque según los críticos el texto ha sido reiteradamente manipulado. En cualquier caso, la versión oficial reza así: "El reflejo parecía penetrar en la tierra y vimos un mar de fuego y sumergidos en este fuego los demonios y las almas como si fuesen brasas transparentes y negras o bronceadas, de forma humana, que fluctuaban en el incendio llevadas por las llamas que de ellas mismas salían, justamente con nubes de humo, cayendo hacia todos los lados, semejante a la caída de pavesas en grandes incendios, pero sin peso ni equilibrio, entre gritos de lamento y de dolor y desesperación que horrorizaban y hacían estremecer de pavor. Los demonios se distinguían por sus formas horribles y asquerosas de animales espantosos y desconocidos, pero transparentes como negros tizones en brasa".

Una visión bastante clásica y escatológica del infierno, infantil y hasta ridícula para la mayor parte de los que con objetividad han podido conocerlo, y que quizá tenía un significado un tanto más especial para el momento en el que fue revelado y ligado a la segunda parte.

Vayamos con el segundo secreto:

"Habéis visto el infierno, donde van las almas de los pobres pecadores... Para salvarlas, Dios quiere establecer en el mundo la devoción a mi Inmaculado Corazón. Si se hace lo que os voy a decir, se salvarán muchas almas y tendrán paz. La guerra pronto terminará. Pero si no dejasen de ofender a Dios, en el Pontificado de Pío XI comenzará otra peor. Cuando veáis una noche iluminada por una luz desconocida, sabed que es la gran señal que Dios os da de que va a castigar al mundo por sus crímenes, por medio de la guerra, del hambre y de las persecuciones a la Iglesia y al Santo Padre. Para impedirla vendré a pedir la consagración de Rusia a mi Inmaculado Corazón y la comunión reparadora de los primeros sábados. Si se atienden mis deseos, Rusia se convertirá y habrá paz; si no, esparcirá sus errores por el mundo, promoviendo guerras y persecuciones a la Iglesia. Los buenos serán martirizados y el Santo Padre tendrá mucho que sufrir: varias naciones serán aniquiladas. Por fin, Mi Inmaculado Corazón triunfará. El Santo Padre me consagrará a Rusia, que se convertirá, y será concedido al mundo algún tiempo de paz. En Portugal, el dogma de la fe se conservará siempre".

La interpretación del mensaje es clara, ya que además de anunciar el final de la Primera Guerra Mundial, predijo el comienzo de la Segunda tras un fenómeno celeste inusual, una espectacular aurora boreal vista sobre cielo europeo la noche del 24 al 25 de enero de 1938.

Finalmente llegamos a la clave del problema, la tercera parte del mensaje, ya que a fin de cuentas los dos primeros secretos no adelantaron nada al ser revelados con posterioridad a los hechos que presumiblemente presagiaban. El Cardenal Joseph Ratzinger, uno de los hombres más poderosos del Vaticano, conocedor del Tercer Secreto, mantuvo durante años una actitud de silencio y desmitificación sobre el contenido del mismo, asegurando que "El contenido de la carta de sor Lucía sigue siendo secreto y no ha sido publicado nunca por nadie. Si se ha tomado la decisión de no hacerlo público no es porque los Papas quieran esconder algo terrible, sino porque el Papa considera que dicho secreto no añade nada a todo lo que el cristiano sabe por la Revelación ni a las revelaciones marianas aprobadas por la Iglesia en sus contenidos ya conocidos. Estas revelaciones no hacen sino confirmar la necesidad de la penitencia, de la conversión, del perdón y del ayuno."

Las versiones que han circulado del Tercer Secreto de Fátima son abundantes. Además de una tercera conflagración mundial y de catástrofes planetarias varias, el misterio para muchos hablaba del final de la Iglesia Católica, de la corrupción y castigo divino que recibirían en forma de persecuciones y muerte por haber traicionado la enseñanza de Jesús, en el que la mano ejecutora no era otra que el Anticristo. Así fueron pasando las décadas, y los nuevos silencios alimentaron dichas ideas... ideas que finalmente y al menos de forma oficial, resultarían equivocadas.

Con todo llegó el año 2000, y tras la ceremonia de beatificación de Jacinta y Francisco oficiada en el santuario de Fátima por el propio Juan Pablo II, el 13 de mayo y con la presencia de Lucía, Angelo Solano, Secretario de Estado del Vaticano, se dirigió a los presentes diciendo:

"El Sumo Pontífice me ha encargado haceros un anuncio. Como es sabido, su objetivo aquí ha sido la beatificación de los dos pastorcillos. Sin embargo, quiere atribuir a esta peregrinación el valor de un renovado gesto de gratitud hacia la Virgen por la protección que le ha dispensado durante su pontificado, una protección que guarda relación con la Tercera Parte del Secreto de Fátima".

Esa protección a Juan Pablo II es de sobras conocida, ya que a la intervención de la Virgen atribuyó el Pontífice el haber salvado su vida en el atentado que sufrió en la Plaza de San Pedro el 13 de mayo de 1981. De hecho, el autor del atentado, Ali Agca, declaró en 1985 conocer el contenido del Tercer Secreto, revelado por el propio Pontífice en la visita que le hizo en la cárcel en 1983, asegurando que éste hacía alusión al citado atentado.

Algo más de un mes después de la beatificación del 13 de mayo de 2000, se hizo público al completo la tercera parte del secreto:

"Después de las dos partes que ya he expuesto, hemos visto al lado izquierdo de Nuestra Señora un poco más en lo alto a un Ángel con una espada de fuego en la mano izquierda; centelleando emitía llamas que parecía iban a incendiar el mundo; pero se apagaban al contacto con el esplendor que Nuestra Señora irradiaba con su mano derecha dirigida hacia él; el Ángel señalando la tierra con su mano derecha, dijo con fuerte voz: ¡Penitencia, Penitencia, Penitencia! Y vimos en una inmensa luz que es Dios: –algo semejante a como se ven las personas en un espejo cuando pasan ante él– a un Obispo vestido de Blanco –hemos tenido el presentimiento de que fuera el Santo Padre–. También a otros obispos, sacerdotes, religiosos y religiosas subir una escabrosa montaña, en cuya cima había una gran cruz de troncos toscos como si fueran de alcornoque con la corteza; el Santo Padre, antes de llegar a ella, atravesó una gran ciudad medio en ruinas y medio tembloroso con andar vacilante, apesadumbrado de dolor y pena, rezando por las almas de los cadáveres que encontraba por el camino; llegado a la cima del monte, postrado de rodillas a los pies de la gran cruz fue muerto por un grupo de soldados que le dispararon varios tiros y flechas, y así mismo fueron muriendo otros obispos, sacerdotes, religiosos y religiosas y diversas personas seglares, caballeros y señoras de varias clases y posiciones. Bajo los dos brazos de la cruz había dos Ángeles cada uno con una jarra de cristal en la mano, en las cuales recogían la sangre de los mártires y regaban con ella las almas que se acercaban a Dios".

Y en teoría se acabó el misterio. El estilo del texto y el contenido del mismo se ajustan bastante a los dos anteriores, así como la extensión del mismo.

Sin embargo, finalmente ha resultado decepcionante para muchos, sobre todo para aquellos que esperaban que tras tanto silencio y secretismo el mensaje tuviera un contenido más apocalíptico, o por el contrario, delatador del final de la Iglesia como institución.

Hay quien duda, sin demasiados argumentos sólidos, todo hay que decirlo, que ese sea el mensaje, mientras que otros opinan que el "Obispo vestido de Blanco" no tiene porque ser necesariamente Juan Pablo II tras el atentado que sufrió, y que por tanto, las escenas descritas no encajan con los hechos ocurridos. El propio Ratzinger echó balones fuera afirmando que "la revelación privada no relata hechos irreversibles, lo que demuestra hasta qué punto la libertad humana puede cambiar la historia".

Las profecías de Juan XXIII

Angelo Roncalli fue un Pontífice excepcional. Todo lo que digamos del hombre bonachón, de permanente sonrisa y espíritu conciliador será poco. Ha pasado a la historia por promover la mayor reestructuración de la Iglesia Católica, la adaptación al presente y a una realidad de la que la institución estaba alejada y que con el Concilio Vaticano II comenzó a ponerse al día. Es obvio que aún queda mucho trabajo por hacer, pero Juan XXIII comenzó un proceso inaplazable que sus sucesores han continuado con mayor o menor fortuna. Hace apenas unos años se descubrió que su cuerpo permanecía incorrupto, cuando su proceso de beatificación estaba ya finalizado, volviendo a recobrar protagonismo el que muchos siguen llamando "el Papa Bueno". En todo caso hablar ampliamente de este Santo Padre nos llevaría un espacio del que no disponemos, y lo cierto es que el aspecto que nos interesa es aquél que lo relaciona con una serie de profecías realizadas en 1935. En aquella época era arzobispo de Mesembria y nuncio en Turquía, y según la citada versión no autorizada divulgada por el escritor italiano Pier Carpi, tuvo frecuentes contactos con una orden Rosacruz, en el seno de la cual y en una de sus sesiones, experimentó un trance en el que comenzó a pronunciar una larga serie de frases proféticas. Las profecías llegaron a Carpi de manos de un maestro turco que aseguraba haber iniciado a Roncalli en los secretos de la orden, donde el que sería pontífice recibía el nombre del Hermano Johannes y tras algunos años de comprobaciones, finalmente se decidió a publicarla bajo el título *Las profecías de Juan XXIII*. El polémico autor italiano ligado a órdenes esotéricas y algún que otro turbio negocio mantuvo hasta su muerte en el año 2000 que las estrofas eran auténticas, pero lo único que se puede asegurar es que se trata de un texto apócrifo que muchos cuestionan. En todo caso, veamos algunas de ellas.

"Caerá el presidente y caerá el hermano. Entre los dos, el cadáver de la estrella inocente. Hay quien sabe. Preguntad a la primera viuda negra y al hombre que la llevará al altar en la isla". Se trata con toda probabilidad del pasaje más conocido, ya que para sus intérpretes habla del asesinato de los Kennedy, de la muerte de Marilyn Monroe, y del matrimonio de la "viuda negra" Jacqueline y de su segundo esposo, el magnate griego Aristóteles Onassis, que la llevó al altar en una isla.

Es posible incluso que profetizara su propia llegada al papado, si hacemos caso de los que atribuyen la siguiente estrofa a su propia persona:

"Después llegará el Padre inesperado, hijo de los campos y de las aguas. En los papeles del Padre muerto encontrará el proyecto para reunir a los pastores y hablar del rebaño. Él osará lo que nadie osó. Dura será la lucha". Ciertamente su elección como Papa fue inesperada, siendo hijo de agricultores (campos) y obispo de Venecia (aguas), impulsando el Concilio que su antecesor, Pío XII, no quiso o no pudo acometer.
Para el periodista y experto en el fenómeno de la precognición Enrique de Vicente, el análisis de las estrofas de Juan XXIII hace posible entrever que algunas de ellas parecen referirse al actual Papa, Juan Pablo II. Para el experto serían éstas:
"Morirá lejos de sus pastores antes de llamarlos... Pero el Padre que vendrá tras él de las brumas será herido, incluso su voz será oída en la tumba. El Padre muerto abrirá el séptimo sello". "Viajando, te abandonarás a ti mismo en el trono. No te comprenderán y te afrentarán... Tú has eliminado el exorcismo del sacramento y has visto el rostro de Satán". "Tú que vienes de las brumas, serás herido. No has sabido advertir, osar, elegir, orar. La Iglesia tiembla y tus cartas la sacuden inútilmente. Los mejores hijos se apartarán de ella, van a servir al mal que ellos llaman bien". "Serán los jóvenes quienes te aclamarán, nuevo Papa de una iglesia que sonríe... Serás el padre de todos. El principio del camino será difícil, caminar por Roma en días sangrientos".
Algunas de las más curiosas se refieren a descubrimientos arqueológicos sobre el origen del hombre, e incluso a la hipotética visita de civilizaciones ajenas a la Tierra. Los tomamos nuevamente de la selección realizada por De Vicente: "Tu reino será breve y grande, Padre, pero te llevará lejos, a la lejana tierra donde naciste y serás enterrado. En Roma no querrán darte... Mijail y Juan descenderán a la tierra. Las urnas abiertas en los lugares secretos bajo el tesoro y serán descubiertos los pasos del primer hombre. El gran hermano de Oriente hará temblar al mundo con la cruz derribada sin las flores de lis"... "Los rollos serán hallados en las Azores y hablarán de antiguas civilizaciones que enseñarán a

los hombres cosas antiguas que ellos ignoran. Por medio de los rollos, las cosas de la tierra hablarán acerca de las cosas del cielo… Las luces del cielo serán rojas, azules y verdes y veloces.
Crecerán. Alguien viene de lejos. Quiere conocer a los hombres de la Tierra. Ya ha habido encuentros. Pero quien vio realmente ha guardado silencio…"
El críptico y cuestionado texto de Carpi le atribuye estrofas que de ser ciertas, pronosticaron importantes acontecimientos históricos:

"Hay que combatir y esperar, porque el usurpador se crucificará sólo en la falsa cruz. Sólo entonces habrá paz". (Hitler y la cruz gamada)

"…el nuevo zar asesina a los hijos del auténtico padrecito y sufren los dóciles esclavos eternos hijos de Dios y de la Gran Madre Santa más allá de los Urales". (Stalin y la posterior situación de Rusia)

"La guerra querida. La guerra de todos, sin fronteras. El hijo de la Bestia suelta las fieras. Y Europa se derrumba, como una estatua de barro. El mar asesina bajo las aguas. Y el cielo escupe fuego". (II Guerra Mundial)

"La gran arma explotará en Oriente, dejando plagas eternas. Esta vil marca sobre la carne del mundo no se borrará jamás". (Bomba atómica sobre Hiroshima)

"El muro será derribado; Europa unida a Europa". (Caída Muro de Berlín)

Finalmente, un largo texto fija el Fin del Mundo, el Juicio Final, concluyendo con la fecha 2033:
"La verdad será más simple que lo que todos hayan dicho o escrito. Será un juicio benévolo… Veinte siglos más la edad del Salvador. Amén".

El Código Secreto. Informática milenaria

Y llegamos al final de este apresurado repaso por el fenómeno profético en el Cristianismo de todos los tiempos con una adaptación moderna y acorde con las nuevas tecnologías de este fenómeno. Y es que el último y más sorprendente hallazgo realizado en los textos sagrados de la *Biblia* ha venido acompañado de una dura polémica. Y no es para menos, ya que desde hace al menos una década la comunidad internacional ha debatido la posibilidad de que los cinco primeros libros del *Antiguo Testamento*, la *Tora*, sean en realidad un complejo código criptográfico en el que está contenida la historia de la Humanidad. Un código que sorprendentemente sólo puede ser descifrado a través de la informática, un invento moderno separado de los textos sagrados de los judíos por casi cuatro mil años.

La presencia de pasajes proféticos en la *Biblia* es notoria, e incluso como hemos podido comprobar más arriba, el último de sus libros, el *Apocalipsis*, es en su totalidad un libro premonitorio. No obstante nada de ello se puede comparar con las aventuradas propuestas de algunos matemáticos y rabinos hebreos, quienes a través de su descubrimiento plantean la posibilidad de que los citados cinco libros sagrados –*Génesis, Éxodo, Levítico, Números* y *Deuteronomio*– contengan nombres y palabras claves que combinadas adecuadamente desvelan acontecimientos futuros. La idea de una biblia codificada no es nueva, ya que incluso uno de los genios más destacados de la historia, Issac Newton, dedicó de forma infructuosa varios años de su vida a descifrar tan complejo acertijo, tarea en la que tampoco tuvieron demasiada fortuna rabinos de diferentes épocas. A mediados del siglo XX sería el matemático checo y experto en textos sagrados hebreos, Rabí Weissmandel, el que descubriera cierta constante matemática en la *Tora*, con un orden y secuencia concreta que le hizo intuir cierta intencionalidad en lo que a priori podría parecer tan sólo asombrosas coincidencias. En todo caso el código secreto de la *Biblia* parecía estar diseñado sólo para que pudiera ser descifrado a través de la informática, algo que comenzó a ocurrir cuando el matemático israelí Eliyahu Rips y el analista Doron Witzmun retomaron la idea de Weiismandel en los años ochenta, desarrollando un programa informático capaz de realizar todo tipo de combinaciones con los caracteres del *Pentateuco*. La base es aparentemente tan sencilla como el introducir en el ordenador y en hebreo los cinco primeros libros del *Antiguo Testamento*, sin separaciones entre sus caracteres.

De esta manera obtendríamos un texto único de 304.805 letras, que sería la base para buscar palabras, secuencias y combinaciones. Dichas palabras no aparecen de una forma tan sencilla como pudiera parecer, sino que lo hacen siguiendo la llamada secuencia de letras equidistantes, es decir, que una vez traducido al hebreo el término que buscamos es introducido en el ordenador, el programa informático localizará la palabra en todo el texto, descubriéndonos por ejemplo que como ocurre con la palabra *Tora*, ésta aparecerá cada 64 caracteres. Es decir, que comprobaremos cómo el equivalente hebreo de "T" es seguido 64 caracteres más adelante por el equivalente de "O", y así con la "R" y la "A" repetidamente.

Este sistema llevó a Rips, Witzmun y otros muchos especialistas a localizar en los primeros cinco libros de la *Biblia* combinaciones de palabras como "Hitler, enemigo", "Clinton, presidente", "Wright, avión" y un largo etcétera que incluye las guerras mundiales, el asesinato en Dallas de Kennedy, la Guerra del Golfo, el choque del cometa Shoomaker-Levy contra Júpiter o la aparición de personajes tan diferentes como Shakespeare y Einstein.

Estas secuencias de caracteres formando palabras podrían aparecer escritas en cualquier dirección, lo que añadía complejidad al asunto, aunque con separaciones de decenas, centenares e incluso miles de letras que en contra de lo que pudiera parecer, incrementa las probabilidades de encontrar vínculos entre palabras.

Una historia de contrariedades

Las investigaciones iniciales fueron publicadas en un artículo en el *Stadistical Science*, del Instituto de Estadísticas Matemáticas, acogiéndose la propuesta con cautela, ya que su fundamentación parecía en principio bastante sólida. Años después entraría en escena el periodista norteamericano Michael Drosnin, quien tras haber trabajado en los prestigiosos *Washington Post* y *Wall Street Journal* se encontraba destacado en Oriente Medio cubriendo los conflictos que azotan a esta región cuando tuvo conocimiento del descubrimiento. Su aproximación al tema daría lugar al *Código Secreto de la Biblia*, un libro divulgativo que sus detractores consideran sensacionalista y con abundantes inexactitudes, convertido en un éxito editorial en todo el mundo. De hecho la historia del libro y del propio Drosnin está ligada a una secuencia en la que encontró el nombre de Isaac Rabin relacionado con palabras que predecían su asesinato, a cerca de lo cual existe constancia de que intentó prevenirle, pero que finalmente no pudo evitar. Tras la publicación de su libro y la distribución de diversos programas informáticos para buscar secuencias de palabras en la Tora, las predicciones se han multiplicado, perdiendo por el contrario cada vez más fuerza e interés para la comunidad científica. No en vano, además de localizar vínculos entre las palabras "Apolo", "Luna y Nasa", también ha sido posible hallarlos entre "Lady Di, "muerte", "coche" y "París", lo que a todas luces haría cuando menos cuestionable el criterio de la inteligencia divina que codificó tales acontecimientos hace miles de años.

Cualquier persona puede actualmente poner en práctica los curiosos resultados del código disponiendo tan sólo del programa informático y de un ordenador. Sólo tendrá que introducir una palabra significativa y buscar combinaciones, aunque siempre mirando en pasado, ya que hasta el momento el código no parece funcionar de forma predictiva, lo que cuestiona una vez más su validez. Es decir, que al igual que como sucede con las populares *Cuartetas* de Nostradamus, es muy difícil, por no decir imposible, localizar en la *Biblia* hechos que no hayan ocurrido. Podemos buscar palabras como "Hitler" o "Franco" y asociarlas a, por ejemplo, "Alemania" y "Nazi" o "España" y "Dictadura", y con toda probabilidad encontremos sus respectivas secuencias, estableciendo que esos personajes y su papel en la historia ya estaban previstos. Sin embargo, nos resultará imposible, por ejemplo, establecer cual será el nombre del presidente de España dentro de cuarenta años, o cuando y donde ocurrirá el próximo terremoto. Sólo cuando tengamos esas fechas y nombres nos será posible comprobar que estaban codificados. Y ese es precisamente uno de los puntos débiles del código de la *Biblia*, pero no el único. Otro con mayor peso es que no hay certeza acerca de cuál es el texto original del *Pentateuco*, ya que existen varias versiones que aunque conteniendo pequeñas variaciones, invalidan el sistema. No obstante una de las pocas profecías del código propuestas por Drosnin a mediados de la década de los noventa y susceptibles de comprobar a corto o medio plazo fue la del final de los tiempos, para el que encontró dos fechas, 2000 y 2006 asociadas a las palabras "Armagedón", "guerra mundial", "holocausto atómico". Está claro que falló en la primera de las fechas, pero ¿ocurrirá lo mismo en la segunda? La historia del Código Secreto de la *Biblia*, con independencia de su validez científica o no, y de las interpretaciones teológicas que se podrían hacer, es ejemplar para demostrar que se trata de un texto vivo, sujeto a todo tipo de interpretaciones, y que esconde tantas y tan variadas sorpresas como las que los hombres deseen buscar en sus páginas.

El Juicio Final, visto por Miguel Ángel. Estamos ante un tema recurrente en las profecías, desde el Apocalipsis de San Juan a las revelaciones de los místicos.

Retrato de San Malaquías, presunto autor de las profecías papales.

Pío XII. También a él se le atribuyen diversas profecías, aunque su figura aparece en las de San Malaquías.

Juan XXIII, el Papa Bueno, considerado autor de unas enigmáticas profecías realizadas en un contexto mediúmnico.

Capítulo 9

GALERÍA DE PERSONAJES INSÓLITOS

Iluminados, místicos e irreverentes

"He venido de parte de Dios y nada tengo que hacer aquí.
Dejad que me juzgue Dios, del que vine...
Jamás cometí pecado, porque en tal caso mis voces me lo hubieran reprochado,
mis espíritus me hubiesen desamparado".
(Juana de Arco, durante su proceso judicial)

Como todas las religiones, el cristianismo se articula en torno a las experiencias de hombres y mujeres que aseguran entrar en variado contacto con la divinidad. En muchos casos resulta muy difícil, por no decir imposible, distinguir a aquellos que simplemente padecían graves patologías psíquicas, de los que en su sano juicio manifestaron haber presenciado hechos asombrosos o comunicarse con Dios. La *Biblia* está llena de estos personajes, y la historia de la Humanidad también. En este penúltimo capítulo nos acercaremos tan sólo a algunos de ellos, describiendo los fenómenos que aseguraron experimentar y que les llevaron a la transformación, o exponiendo las singularidades muchas veces blasfemas o contrarias a los dogmas cristianos que les convierten en auténticos enigmas históricos.

El cristianismo está lleno de ejemplos, de tal manera que de Juan Calvino, el reformador francés del siglo XVI, se piensa que era clariaudiente, es decir, que escuchaba voces y sonidos que le revelaban hechos que estaban ocurriendo en lugares distantes, mientras que la experiencia del emperador romano Constantino (285-337), viendo una cruz llameante en el cielo mientras luchaba contra Majencio, cruz en la que aparecía escrito *In hoc signo vinces* (con este signo vencerás), motivó oficialmente su conversión al cristianismo, o al menos la legalización del mismo con el Edicto de Milán promulgado un año después de su supuesta visión, en el 313. Se dice también que además de la cruz, que grabó en sus escudos, Constantino tuvo en su poder la Lanza de Longinos, inaugurando así una tradición de poder asociado a ese objeto. Una cruz llameante también fue vista en varias ocasiones por Fray Francisco Jiménez de Cisneros, el Cardenal Cisneros, a comienzos del siglo XVI como señal divina por medio de la cual se mostraba el beneplácito celeste a sus campañas militares. Y no es menos asombrosa la historia de Gerberto d'Aurillac, que pasaría a la historia como Silvestre II, el Papa del Año 1000, quien además de astrónomo y cabalista llegó a fabricar una cabeza mecánica parlante que adivinaba el futuro, confesando incluso en su lecho de muerte que había hecho un pacto con el mismísimo Diablo. Merecerían sin duda nuestra atención personajes como San Bernardo de Claraval, para muchos el último de los druidas, redactor de la regla de los templarios, quien además de apariciones de su madre fallecida y visiones celestiales –entre ellas la célebre experiencia de la Virgen dándole leche de su seno– tuvo encuentros muy cercanos con la mística musulmán de los sufíes. O el español Ramón Llull, místico cristiano, cabalista y alquimista del siglo XIII, que también mantuvo relaciones con los templarios y experimentó una catarsis en sus creencias cuando tuvo una visión similar a la de la zarza ardiente de Moisés, pero que en su caso fue un arbusto cubierto de alfabetos contemplado en el mallorquín monte Randa. Y es que cualquiera del medio centenar de antipapas conocidos que ha tenido la historia podrían tener un tratamiento amplio en estas páginas, o el propio Salomón bíblico y los misterios y leyendas que rodean su vida. Candidatos hay muchos, pero el espacio apenas nos permite seleccionar a tres: la Papisa Juana, Juana de Arco y Lutero.

La Papisa Juana, el arcano del tarot

La historia de la Papisa Juana es con toda probabilidad una de las más insólitas del mundo del cristianismo, un episodio singular de cuya existencia real dudan la mayor parte de los historiadores, aunque la misma Iglesia la tomó por cierta durante mucho tiempo. Básicamente la leyenda cuenta como entre los años 855 y 858 el Trono de Pedro fue ocupado por una mujer, que haciéndose pasar por hombre adoptó el nombre de Juan VIII, apodado El Angelical. Finalmente se descubre el engaño cuando en una procesión el pontífice comienza a tener dolores de parto y tiene a su hijo ante la mirada atónita del pueblo, siendo encarcelada y supuestamente ejecutada en los días posteriores, para ser sepultada junto a su diabólico hijo en un lugar desconocido y no consagrado.

La historia empieza a circular con fuerza en la castigada Europa del siglo XIII, y muchos ven en la difícil situación política del momento y en los escándalos y entresijos de la curia vaticana, la explicación de este controvertido episodio. Y es que dos mujeres, Teodora, y su hija Marozia, son las encargadas de manipular a media docena de Papas en el siglo X, a los que colocan al frente de la Iglesia, asesinan en algunos casos, o concibe hijos con ellos en otros. Contemplando ese escandaloso pasado el dominico Martín de Troppau incluye a la Papisa Juana en su *Chronicon Pontificum et Imperatorum* o Crónica de Papas y Emperadores, dando con ello más visos de realidad a un asunto en el que creyó hasta el mismo Papa León II, quien la menciona en una carta al Patriarca de Constantinopla. Es notorio que hasta el Tarot de Marsella incluya en sus arcanos mayores a La Papisa, un influjo más para los especialistas del arraigo popular del mito. Sea como fuere, la leyenda no escatima en detalles, ofreciéndonos una completa biografía de la Papisa. Al parecer nació en el año 822 en Inglaterra desarrollando desde temprana edad un inusitado interés y capacidad para aprender, algo prohibitivo para la mayor parte del pueblo, en especial si se era mujer. No obstante sus ansias irrefrenables hicieron que salvara los obstáculos cortándose el pelo y disfrazándose de hombre, de tal manera que bajo el nombre de Juan el Inglés entró en las principales bibliotecas monacales del momento. Curiosamente la figura de la mujer que debe hacerse pasar por hombre para alcanzar conocimiento o lograr un trato igualitario es casi arquetípica, además de existir ejemplos históricos de tal comportamiento. Un prolongado romance con un monje la une de forma especial a uno de dichos conventos. En poco tiempo se convierte en una fuente de sabiduría viviente, hasta el punto de que en toda Roma y en buena parte del mundo cristiano ya tenían conocimiento de su existencia, así como de su belleza y virtudes humanas. No es extraño por tanto que tras la muerte de León IV fuera elegida como su más digno sucesor en el papado, desarrollando un pontificado caracterizado por la erudición, la justicia y la nobleza, el rescate en suma de todos los valores fundamentales de la ética. Sin embargo había caído nuevamente bajo el embrujo de un hombre, un sacerdote con el que mantuvo una larga y secreta relación. La historia finalmente se trunca en abril del año 858, cuando durante una procesión de Corpus se desploma dando a luz al fruto de su clandestina relación.

Tal y como recoge Jorge Blaschke en su recopilación de enigmas cristianos, el historiador Platina incluyó a nuestra protagonista en su lista de Papas, refiriéndose a ella de la siguiente manera: "Papa Juan VIII, Juan, de origen inglés que nació en Ments, y se dice llegó al Papado por artes diabólicas ya que, siendo mujer, se disfrazó de hombre y fue con su compañero, un hombre instruido, a Atenas, y realizó tales progresos en sabiduría bajo los doctores que allí había que, al llegar a Roma, encontró pocos que pudieran igualarla, y mucho menos sobrepasarla, incluso en el conocimiento de las Escrituras; por medio de sus conocimientos, sus inteligentes lecturas y sus controversias, alcanzó tanto respeto y autoridad que, al acaecer la muerte de León, de común acuerdo fue elegida Papa en su reemplazo. Yendo a la Iglesia de Letrán, entre el Coliseo y San Clemente, los dolores del parto la asaltaron, y murió en el lugar, tras haber permanecido dos años, un mes y cuatro días en el pontificado, y fue enterrada allí sin pompa. Esta historia es conocida vulgarmente, aunque ha sido contada por autores muy inciertos y oscuros; por lo tanto, la he referido al desnudo y brevemente, para no parecer obstinado y pertinaz al admitir lo que generalmente se cuenta; prefiero equivocarme con el resto del mundo; aunque la verdad es que, lo que he contado, no puede considerarse enteramente increíble".

Algunos especialistas han querido ver en la figura de Benito III a la Papisa Juana, dado que este pontífice es el sucesor oficial de León IV. Para colmo se trata de un personaje del que existen muy pocos datos y que ni siquiera aparece en la versión más antigua del *Liber Pontificales*, (la lista que recoge los Papas anteriores al siglo XVII) contándose que era muy atractivo y evitaba aparecer en público. Su papado se hace coincidir con el de Juana, de tal manera que él también muere en abril del año 858, y curiosamente es enterrado fuera de Roma por voluntad propia al considerarse indigno de reposar junto a otros pontífices. Sin duda existen muchos paralelismos entre ambas biografías.

En todo caso, la Papisa Juana generó en torno a sí otras historias que el Vaticano ha negado reiteradamente, la más conocida de las cuales es la de la prueba de la Silla Perforada o silla gestatoria. Y es que a raíz del bochornoso ridículo al que se vio sometida la Iglesia, cualquier precaución para evitar que se dieran nuevos casos era poca, razón que justificaba que en el Palacio de Letrán se llevara a cabo un examen de los genitales del Papa. Sentado en un asiento perforado, un diácono o un cardenal, introducía la mano por el orificio y palpaba el sexo del pontífice o del candidato a ocupar el lugar de Pedro.

Con toda probabilidad la Papisa Juana jamás existió, sirviendo la fábula de su existencia para, como ya hemos indicado, denunciar la irreverencia del papado durante una época de su historia, y servir al mismo tiempo de argumento con el que atacar desde la burla a esta institución eclesial.

Juana de Arco, la Doncella de Orleans

Elevada a la categoría de santa por su martirio en la hoguera, Juana de Arco es con toda probabilidad uno de los personajes más atractivos del mundo del cristianismo. Nacida en el seno de una familia campesina el 6 de enero de 1412, en la aldea de Domrémy, Lorena, la pequeña y hermosa Juana comenzó a experimentar estados místicos que hoy no dudaríamos en catalogar como esquizofrénicos a los trece años, cuando oyó por primera vez las voces de San Miguel Arcángel, Santa Catalina de Alejandría y Santa Margarita de Antioquía. La representación celestial –el batallador y dos santas, vírgenes y mártires– le encomendaba la misión de salvar al delfín de Francia de la amenaza inglesa, y encabezar a los soldados franceses en la reconquista de Orleans, algo inaudito para cualquiera pero imposible si encima se era mujer. No obstante, y desde el convencimiento de su protección y guía divina, Juana de Arco logró convencer al delfín en 1429, siendo investida como caballero, cortándose la cabellera y enfundándose la armadura, para liberar Orleans, un acontecimiento determinante para que con su apoyo llegara al trono unos meses después Carlos VII, quien no obstante no dudó en abandonarla a su suerte. La estela de la Doncella de Orleans comenzaba a brillar más que la de cualquier otro.

Abandonada y quemada

Después de las derrotas de nuevas campañas en las que prácticamente se encontraba abandonada, sin hombres ni provisiones, en 1430 las tropas del duque de Borgoña la capturan en Compiegbne, siendo vendida a los ingleses, con cuyo país Francia mantenía la Guerra de los Cien Años, quienes la llevan ante el tribunal del obispo de Beuvais, Pierre Cauchon acusándola de hereje y brujería. Tras nueve meses en dura prisión y otros tres de un proceso judicial injusto hasta la vergüenza, fue condenada a morir en la hoguera con tan sólo 19 años, ejecución que se produjo el 30 de mayo de 1431 y cuyo fuego no pudo con su corazón

y vísceras. Vestir como hombre, escuchar voces de origen diabólico... fueron algunos de los argumentos que la condenaron a la hoguera, aunque una leyenda popular se tejió sobre su figura asegurando que seguía viva y que en su lugar fue quemada una bruja.
Juana de Arco puede ser considerada sin lugar a dudas como una medium, aunque en su vida también se dieron episodios de clarividencia en los que predijo puntualmente acontecimientos futuros. Aunque bastante a destiempo, el Vaticano rectificó hasta tal punto la injusticia cometida que subió finalmente a los altares como santa a la Doncella de Orleans en 1920.

Lutero, el reformador

Pocos personajes han pasado a la historia con tanta fuerza como Martín Lutero, el famoso monje agustino que revolucionó de manera radical el mundo cristiano, sentando las bases de una doctrina que terminaría cambiando fronteras tanto en el ámbito político como en el espiritual.
La vida de Lutero está repleta de presagios, signos sobrenaturales y experiencias paranormales que marcaron sin lugar a dudas su trayectoria. Y es que polémico donde los haya, Lutero es un personaje controvertido ante el que pocos logran quedar impasibles. Su obra reformista, su denuncia de las injusticias impuestas por la Iglesia de su tiempo, contrasta de forma notable con su inestable personalidad y la virulencia de sus ataques a la institución eclesial en general, y al papado en particular. Su persona ha sido vista como la del genio alemán hecho carne, la de un libertador y profeta, la de un iluminado que libera al hombre de injusticias y cadenas espirituales. Pero no nos engañemos, Lutero fue también para muchos un enviado del mismísimo infierno, un grosero e insultante polemista, un ser que destilaba hiel en sus últimos escritos y despertaba antipatía. "Yo pienso que, en mil años, ningún hombre ha sido tan maldecido como yo", comentó en sus famosas *Charlas de Sobremesa*. Como indica García-Villoslada en su

análisis biográfico sobre Lutero: "Todavía los modernos historiadores y teólogos baten el cobre afanosamente en torno al protagonista de aquel drama religioso. Y jamás se pondrán de acuerdo. ¿Hay que mirar en Lutero al genio unificador de su pueblo y de su raza, según se gritaba espasmódicamente bajo Guillermo II en la guerra de 1914-18, o más bien al demonio de la división y del cisma, según repetían los católicos alemanes desde los tiempos de Cocleo? ¿Y cómo juzgar su obra? ¿Descuartizó a la vieja Europa cristiana, o lo que hizo fue sentar las bases de una nueva, joven y moderna Europa? ¿Deberá llamarse el quinto evangelista y otro apóstol de Jesucristo, o el mutilador y falseador del mensaje evangélico?

Martín Lutero fue un teólogo que fascinaba tanto al pueblo llano como a los más ilustrados, un escritor que cultivó múltiples géneros, un atormentado espiritual que encontró momentos de paz al luchar por la reforma de la Iglesia, en un movimiento que hizo mella en algunos príncipes y ciudades alemanas que terminaron por romper con el poder religioso de Roma, transformando a Europa y a todo el mundo Occidental a medida que la Reforma se extendía a gran velocidad. Fue contemporáneo de ocho Papas, y de personajes como el humanista Erasmo de Rotterdam, Calvino, San Ignacio de Loyola, Carlos I de España o Copérnico.

Duendes, presagios y rayos celestiales

Lutero vino al mundo el 10 de noviembre de 1483 en el seno de una humilde familia en la pequeña ciudad de Eisleben, Turingia. Sus padres Hans y Margarita Luther vivían por aquel entonces de la industria minera, siendo cristianos convencidos que en todo momento se esforzaron en proporcionarle al joven Lutero la mejor educación posible dentro de sus limitaciones. Algunos biógrafos afirman que su educación fue muy dura y que la severidad de los castigos a los que fue sometido por sus padres condicionaron su personalidad, aunque lo cierto es que, salvo algunos episodios muy concretos, su vida familiar fue apacible. Su madre era muy supersticiosa y al parecer se hallaba bastante influenciada por una hechicera que la amenazaba con maltratar a sus hijos. Lutero no fue inmune a las creencias populares y a lo largo de su vida comentaría como en su infancia vio brujas, seres misteriosos, duendes, íncubos y toda suerte de apariciones, que se prolongarían hasta su muerte, en especial en lo concerniente a visiones diabólicas en las que, según aseguraba el mismísimo Satanás se le aparecía y dialogaba con él en forma de perro o cerdo. Mientras predicaba en 1518 comentaba sobre las hechiceras: "En primer lugar pueden hacer daño a los ojos, y aun cegarlos; causar enfermedades a los cuerpos... y producirles la muerte, si quieren; o, si no, consumirlos con lenta e incurable llaga, como yo he visto muchos. Pueden también provocar tempestades y truenos, destruir la cosecha, matar el ganado..." Con el tiempo, las leyendas populares generadas en ciertos círculos católicos le atribuirían a él mismo un origen demoniaco, fruto de la unión de una mujerzuela y un íncubo.

Al cumplir quince años el joven Lutero se encontraba estudiando en Eisenach, donde tuvo conocimiento de un fraile piadoso y profeta apocalíptico que se encontraba recluido en un convento con el fin de impedirle predicar, entre otras cosas, sobre la reforma de los abusos de la Iglesia. Pasarían muchos años hasta que Lutero leyera sus vaticinios y pensará que las últimas palabras del monje se referían a él: "Otro vendrá y vosotros le veréis". En su vida se dieron otros pronósticos que con el paso de los años interpretó como señales de su misión reformadora, como el de un viejo de Meinningen que le dijo cuando convalecía de una grave herida: "querido bachiller, no te preocupes, que llegarás a ser un gran profeta". En este sentido, muchos han visto paralelismos entre Lutero y San Pablo, por medio de cuyos escritos el primero encontró la paz espiritual y desarrolló su doctrina. El 2 de julio de 1505 un hecho sobrecogedor e interpretado como de origen divino cambió el rumbo de nuestro personaje. Ese día, cuando regresaba a la Universidad de Erfurt donde había iniciado sus estudios de Derecho, le sorprendió una potente tormenta en medio de la cual un rayo estuvo a punto de matarle. A escasos metros de él, un potente estallido le sobrecogió de tal manera que invocó a Santa Ana, prometiendo entrar en un monasterio si lograba salvar su vida. Aquella señal divina o terrible aparición del cielo le marcó, como a Pablo de Tarso, de por vida, ingresando semanas más tarde en el Convento agustiniano de Erfurt. Aunque con el tiempo se arrepintió de su decisión, no deja de ser curioso el parentesco que esta experiencia tiene con la de algunas personas que desarrollan poderes tras ser alcanzados por un rayo.

Lutero el canalizador

La vida de Lutero está salpicada de experiencias que fácilmente podríamos encuadrar dentro de los fenómenos de *Channeling*, término acuñado en el mundo anglosajón para referirse a la recepción mediúmnica de información. Uno de sus alumnos en la Universidad de Wittenberg, Jorge Benedicti, se refirió a la peculiar forma que tenía Lutero de exponer sus conocimientos, comentando lo siguiente: "Y, para referir también algo del espíritu de aquel hombre, diré que era así: aún los peores enemigos del Evangelio, cuando le oían, solían decir, impresionados por las cosas oídas, que no habían escuchado a un hombre, sino a un espíritu, pues las grandes maravillas que enseñaba no procedían de él, sino del bueno o del maligno espíritu". De joven tuvo un ataque de epilepsia en medio de una misa, justo en el momento en el que se leía un pasaje de Mateo sobre la expulsión de un endemoniado. En ese momento, Lutero cayó al suelo gritando: "Yo no soy, yo no soy". Éstas y otras experiencias, –en especial aquéllas en las que veía y oía al Diablo– unidas a su temor a un Dios tirano y justiciero que le llevaba a practicar todo tipo de penalidades físicas y le atormentaba psíquicamente, han sido interpretadas por psiquiatras modernos como propias de un enfermo mental, neurótico, maniaco-depresivo e histérico. ¿Acaso no estamos ante la misma interpretación que dan los psicopatólogos al fenómeno de la canalización?

Es probable que en la célebre experiencia de la torre, Lutero viviera uno de los momentos no sólo más trascendentales de su vida, sino de más claro *Channeling*. Ocurrió en el año 1515 cuando leyendo la epístola a los Romanos de San Pablo fue objeto de una súbita iluminación que le trajo la paz a su espíritu. A través de San Pablo descubrió que bastaba la fe, sin necesidad de la obras, para justificarse y alcanzar la salvación. A partir de este momento, se comenzó a gestar la Reforma, y con ella, uno de los movimientos religiosos y políticos más importante del último milenio.

Poltergeist y demonios

La presencia de la figura del demonio, como ya hemos indicado, fue muy importante en la vida de fray Martín. Sus innumerables experiencias se acentuaron al final de su existencia, influyendo en su personalidad y especialmente en su visión de la Iglesia Romana, de la cual renegaba considerándola entre otras cosas, la sede del anticristo. Por razones de espacio apenas vamos a enumerar dos de ellas. La primera le acaeció en 1515, dos años después de doctorarse en Teología. El mismo la narraba así: "No es cosa rara o inaudita que el diablo gire en torno de las casas, armando alboroto. En nuestro convento de Wittenberg yo lo he oído en varias ocasiones. Una vez, cuando empezaba a explicar en clase el Salterio, me retiré por la noche al refectorio, después de cantar los maitines, para estudiar y escribir mi lección. De pronto vino el diablo, metiendo ruido detrás de la estufa tres veces, como si alguien arrastrase un tonel entre la estufa y la pared. Por fin, como no cesaba, cogí yo mi cuaderno y me fui a la cama… Otra vez le oí en el monasterio, encima de mi habitación; pero, cuando noté que era él, no hice caso y me volví a dormir".

El otro ejemplo nos lo aporta el historiador, periodista e investigador psíquico irlandés Brian Inglis, identificando el fenómeno descrito por Lutero como un poltergeist. "Ocurrió –escribe Inglis– en 1521, año en que fue detenido y encarcelado en el Castillo de Wartburg, en unas habitaciones en las que nadie estaba autorizado a entrar salvo dos muchachos que le llevaban la comida dos veces al día. Cierto día le trajeron un saco de nueces que Lutero depositó en un arcón que había en el aposento; aquella noche, habiéndose acostado 'me pareció que todas las nueces se ponían a la vez en movimiento y saltaban dentro del saco, chocando entre ellas, mientras se acercaban a mi cama para asustarme con su ruido'. Como eran inofensivas, Lutero concilió el sueño. No llevaba durmiendo mucho rato sin embargo cuando fue despertado 'por un gran estruendo que procedía de la escalera, como si arrojasen por ellas centenares de barriles'. Como la puerta que conducía a la escalera era de hierro y estaba asegurada con cadenas, pensó que aquello tenía que ser obra del demonio y, sin concederle mayor atención, musitó una oración y volvió a acostarse. Poco después, Lutero fue trasladado a otra parte del castillo y la mujer que ocupó sus aposentos oyó también aquel estrépito una noche, insinuando que allí se habían congregado miles de demonios".

Experiencia ufológica

En la vida de Lutero encontramos también al menos una experiencia que podríamos interpretar como ufológica y que no queremos pasar por alto. Transcurría el año 1530 cuando nuestro protagonista se encontraba en Coburgo, lugar donde vivió numerosas experiencias con el diablo. Con él estaba el maestro Veit Dietrich, que fue testigo ocular de los hechos en una noche de junio en la que Lutero se encontraba asomado a la ventana. Según narró Dietrich, "contemplaba el bosquecillo de la parte baja del monte, cuando vio una serpiente ígnea y llameante que hacía contorsiones y giros y desde el tejado de la torre próxima volaba hacia el bosquecillo. Me llamó enseguida y quiso mostrarme el espectro, pero éste desapareció repentinamente. Poco después lo vimos él y yo. Había cambiado de figura, y parecía como una estrella fulgurante, bastante grande, que caía sobre el campo, de forma que pudimos verla claramente aunque el cielo estaba lluvioso". ¿Qué tipo de fenómeno presenciaron nuestros testigos? ¿Se trató de un genuino caso ovni, o por el contrario de una alucinación visual? ¿Quizá de un fenómeno meteorológico? Es imposible saberlo.

Martín Lutero murió en 1546 dejando tras de sí un pensamiento teológico que ha recibido los mayores elogios y las más ardorosas críticas. Su ministerio profético generó más de 600 libros, por no hablar de los miles de cartas y sermones en los que reflejó su teología de la Reforma, seguida en la actualidad por más de 75 millones de personas. Soberbio y prepotente, Lutero era amigo de sus amigos, bondadoso y como padre de familia un ejemplo a seguir. Como buen hereje fue excomulgado, a lo que respondió con su libelo *Contra la execrable bula del anticristo,* en la que él mismo excomulgaba al Papa sentenciando que "Cristo Juez verá cuál de las dos excomuniones es válida ante él". Rechazó las estructuras eclesiásticas y la infalibilidad del Papa, luchando contra la corrupción de la Iglesia cuya expresión más palpable era la venta de indulgencias. Negó los sacramentos a excepción del bautismo y la eucaristía, predicando el sacerdocio universal de todos los cristianos, y señalando como único camino el Evangelio y la *Biblia*. La salvación de todos los hombres por la fe y la inutilidad de las obras fue su gran revelación.

Constantino, emperador ligado a la historia de la Santa Lanza y a fenómenos sobrenaturales.

Calvino, dotado de facultades clariaudientes.

Silvestre II, el Papa del año mil que supuestamente pactó con el diablo.

Martin Lutero tuvo numerosas experiencias sobrenaturales.

Juana de Arco, la Doncella de Orleans, durante su ejecución en la hoguera.

La Papisa Juana quedó inmortalizada en el Tarot.

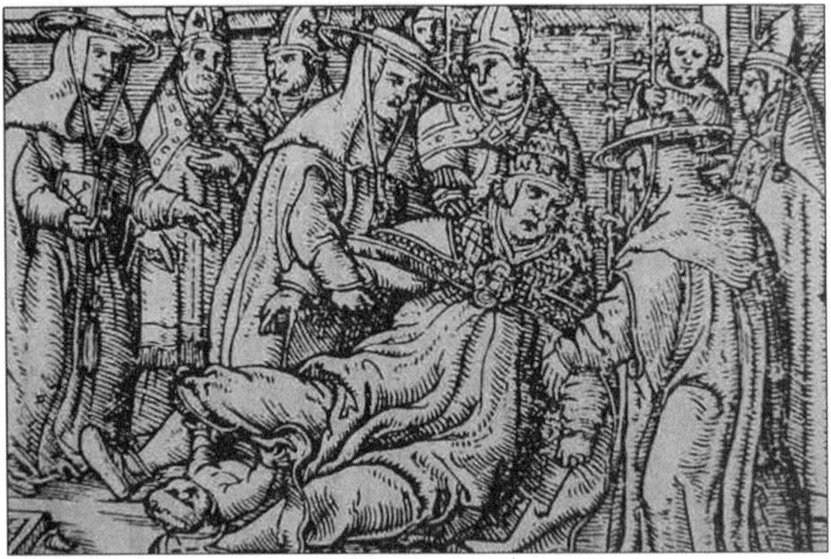

Parto de la Papisa Juana según un grabado de Bocaccio.

Capítulo 10

GALERÍA DE MISTERIOS VARIOS

De la Navidad, Guadalupe y otros portentos

"Después de nacer Jesús en Belén de Judea, en tiempos del rey Herodes,
unos magos llegaron de Oriente a Jerusalén, preguntando:
–¿Dónde está el rey de los judíos que ha nacido? Porque hemos visto
su estrella en Oriente y venimos a adorarlo–". (Mateo 2, 1-2)

A lo largo de las páginas precedentes hemos intentado trazar un amplio boceto de los principales misterios ligados al cristianismo, una tarea que el lector habrá podido intuir como francamente difícil, a tenor de la abundancia de temas susceptibles de haber sido tratados, y que por razones de espacio se han quedado fuera, así como de la mayor amplitud que con toda seguridad podrían haber tenido los enigmas analizados hasta el momento. Por esta razón en este último capítulo presentaremos una breve aproximación a cierto número de cuestiones misteriosas, que por sí mismas hubieran merecido capítulo propio, con el objetivo final de que el lector interesado tenga cuando menos algunas nociones básicas que le permitan continuar profundizando en otras fuentes, en el caso de que alguno de estos nuevos enigmas cautive su curiosidad.

Enigmas navideños

Con la llegada de la Navidad, cada año rememoramos de forma más o menos consciente una serie de misterios, a medio camino entre la historia y la leyenda, que se han perpetuado en el tiempo enraizándose en lo cotidiano. Se trata de una serie de fechas, personajes, situaciones y símbolos, que en conjunto dan forma a una de las etapas más importantes del mundo cristiano, y que sin embargo una vez más, parecen tener su origen lejos de dicha doctrina religiosa. Emprendemos pues un rápido y desapasionado repaso por el origen solar del nacimiento de Jesús, la simbología del pesebre, la insólita figura de los reyes magos o el desconcertante comportamiento de la estrella de Belén.

El nacimiento de un Dios Solar

Si existen casos en nuestro pasado que sugieran la presencia de una tecnología imposible para la época, y por tanto, la intervención de civilizaciones no terrestres, esos son sin duda los relativos a las concepciones virginales de determinados personajes, elevados a una categoría divina y que desde el pensamiento científico de nuestra época bien podrían ser el fruto de la inseminación artificial. No obstante, otra opción más prosaica y bastante menos arriesgada para explicar el nacimiento de Jesús desde la virginidad de María, sería el de revestir la concepción y posterior alumbramiento del Hijo de Dios de aspectos sobrenaturales, hechos milagrosos sólo posibles gracias a la intervención divina. Si a ello añadimos toda la carga pecaminosa ligada desde antaño a la sexualidad femenina en un mundo patriarcal, encontramos argumentos de peso para que los autores de los evangelios y los padres de la Iglesia optaran por dejar virgen a María. Lógicamente, con eso no bastaba para señalar su naturaleza divina y sugerir la vocación innata de sustituto de otros dioses y cultos anteriores. De ahí que tras infinidad de discusiones y debates, y numerosas conclusiones todas ellas debidamente documentadas, se optara por fijar la fecha del nacimiento de Jesús el 25 de diciembre. La argumentación fue sencilla y no se entiende muy bien como antes del Concilio de Nicea, celebrado en el año 325, no se habían puesto de acuerdo. Fijando el nacimiento en torno al solsticio de invierno, que se produce el 21 de diciembre, quedaba clara la naturaleza solar de Jesús, y su condición de Luz del Mundo y salvador surgida para ensombrecer a antiguos dioses como

Mitra, Osiris, Apolo, Dionisios y tantos otros, cuyo nacimiento también se celebraba en esas fechas. La idea es sencilla y siempre le ha resultado rentable al poder religioso: sustituir un dios por otro, sincretizando sus atributos. La Natividad de Jesús ocupó el lugar de la fiesta romana del *Sol Invictus.*

Milagros y símbolos en el pesebre

Aunque oficialmente no se acepte el contenido de los llamados *Evangelios Apócrifos* por no ser considerados revelación divina, no deja de ser cierto que con relativa frecuencia se extraen de ellos datos y personajes que dan forma o enriquecen tradiciones cristianas de gran arraigo, como es el caso de los populares Reyes Magos. También se da el caso de que esos personajes, escenarios y características se toman directamente prestados de otras tradiciones religiosas, todo con el beneplácito de las autoridades eclesiásticas. Ya hemos visto algunos casos en este libro: el mito del Diluvio y Noé, presente en variedad de culturas, el Arca de la Alianza y sus predecesoras egipcias, el Santo Grial y los recipientes mágicos celtas o las mismísimas apariciones. El ejemplo más claro vinculado con la Navidad lo tenemos en Mitra, el dios persa que quinientos años antes que Jesús, nació en una cueva de una madre virgen, casualmente un 25 de diciembre y en presencia de un buey y un toro, animales solares y símbolos de viejos cultos que también estarán presentes en el pesebre del Belén cristiano.

Regresando a los apócrifos, en algunos de estos textos abundan los detalles sobre el nacimiento de Jesús, destacando por su espectacularidad lo narrado en el *Protoevangelio* de Santiago, un texto del siglo II relegado al grupo de los apócrifos cinco siglos después. En el mismo, además de señalarse que el parto se produce en una gruta de camino a Belén, y no en dicha ciudad, describiéndose un alumbramiento precedido por la aparición de una potente nube de luz, se incluye una declaración de José en la que explica como el mundo se detuvo por un instante para recibir al Hijo de Dios: "Yo, José, avanzaba y he aquí que dejaba de avanzar. Y elevaba mis miradas al aire y el cielo lo veía inmóvil y los pájaros detenidos. Y las bajé a tierra y vi una artesa y obreros con las manos en ella. Y los que llevaban la mano a su boca no la llevaban, sino que tenían los ojos puestos en las alturas. Unos carneros permanecían quietos y el pastor levantaba las manos para pegarles con su vara y la vara quedaba suspensa en el vacío... Y en un instante todo volvió a su anterior movimiento".

La presencia de pastores con sus rebaños en éste y otros evangelios, incluido el de Lucas, sugiere que el nacimiento se debió producir en primavera, o incluso en verano, pero nunca en pleno invierno como ahora celebramos, fecha que como indicamos más arriba obedecía más a la logística que al deseo de ser fieles a la realidad. Además y en cuanto al nacimiento, las evidencias apuntan a que debió tener lugar casi siete años antes de lo que pensamos, dado que según los textos sagrados se produjo en vida de Herodes El Grande, salvando su vida del célebre, y falso, infanticidio de todos los primogénitos menores de dos años, que daría origen a la fiesta de los Santos Inocentes. Si fehacientemente sabemos que Herodes falleció en el 4 a.C. y ordenó la supuesta masacre tras su entrevista con los Magos, tenemos un margen de 5 a 7 años atrás para fijar el nacimiento de Jesús.

Magos sí, pero ni tres ni reyes

Y en este repaso por los misterios navideños, muchos de ellos incongruentes con la ortodoxia religiosa, no podrían faltar los populares Magos de Oriente, elevados a la categoría de reyes y convertidos hoy en día en un auténtico filón comercial. Pero no siempre fue así. Hubo una época en la que la incertidumbre que rodeaba a estos personajes era tal, que sólo Mateo los citaba asegurando que "unos magos llegaron de Oriente a Jerusalén, preguntando: ¿Dónde está el rey de los judíos que ha nacido? Porque hemos visto su estrella en Oriente y venimos a adorarlo". Y poco más. A partir de ahí todo lo que sabemos sobre los Reyes Magos y que miméticamente repetimos cada año, surge una vez más de los textos apócrifos, aquellos que la Iglesia no acepta pero que a semejanza de lo que ocurre con algunas reliquias y bastantes apariciones marianas, permite.

En primer lugar desconocemos si eran o no tres los personajes, y en cierta iconografía se representan como cuatro, siete e incluso doce. Sin embargo, y como ocurriera con la fecha del nacimiento fijada por el Papa Liberio, la lógica se impuso y el Pontífice San León dedujo que si tres eran las ofrendas citadas por Mateo –oro, incienso y mirra–, tres debían ser igualmente los magos, algo ya sugerido en algún texto apócrifo. En cuanto a su naturaleza real, surgen también como una deducción lógica, puesto que para destacar la divinidad y rango de Rey del Mundo del recién nacido, nada mejor que reyes adorando el pesebre. No obstante, lo más probable es que de haber existido, estos personajes fuesen magos iniciados, auténticos sabios versados en las ciencias de la época y en la interpretación de los signos. O lo que es lo mismo, que tenían más de astrólogos que de monarcas. No en vano consiguen averiguar que alguien crucial para el mundo está a punto de nacer, nada menos que nueve meses antes, y si hacemos caso a Mateo, reciben en sueños la indicación de alejarse de Herodes tras su visita a la cueva del nacimiento. Menos reyes, los magos de Oriente debieron ser astrológos, profetas, onirománticos y posiblemente seguidores del zoroastrismo.

Metidos en faena conviene aclarar que los nombres también proceden de los apócrifos, concretamente del *Evangelio Armenio de la Infancia,* donde leemos: "Después de caminar nueve meses teniendo de guía a la estrella, llegaron al lugar los tres reyes: Melkon, que reinaba sobre los persas; después Baltasar, que reinaba sobre los indios; y el tercero Gaspar, que tenía en posesión el país de los árabes". Y ya puestos, es bueno decir que el negro del grupo, Baltasar, no lo fue hasta pasados siete siglos, aunque para ser representado de ese color tuvo que esperar hasta el siglo XVI. Por último, lo de las ofrendas también tiene su lógica: oro, como rey del mundo material, sin olvidar que la carne de los dioses era de ese preciado metal; incienso, como sacerdote y guía espiritual del mundo; y por último mirra, sustancia usada en el embalsamamiento que nos recuerda su naturaleza inmortal y su reinado sobre la vida. Y por recordar, conviene por último hacerlo con la figura del precursor de los ecologistas, San Francisco de Asís, autor del primer belén allá por el año 1223. El pesebre lo instaló en una gruta en Toscana, cobrando vida propia, de forma milagrosa, el Niño Jesús, y dando origen a una tradición religiosamente repetida año tras año. Un milagro para los grandes almacenes.

El misterio de la Estrella

Ahora bien, si existe un misterio en la Navidad cristiana que sobrepase al resto ese es de la Estrella de Belén, el cuerpo celeste más famoso y de comportamiento más insólito de todos los tiempos. Desde Orígenes en el siglo III hasta nuestros días, se han propuesto las más variopintas hipótesis para desentrañar su misteriosa naturaleza, dado que lo único seguro es que no se trató de una estrella. Venús, Marte y otros planetas han sido propuestos como candidatos, pero su perfil no se ajusta a los datos evangélicos ni a las cronologías de las que disponemos, como tampoco lo hace el cometa Halley, cuyo paso por la Tierra se produjo en el 12 a.C. La posibilidad de que se trate de otro cometa parece descartada a falta de nuevos datos, y también la de un posible asteroide, siendo la de mayor aceptación la planteada por Johannes Kepler en el siglo XVI, quien identificó la estrella de Belén con una conjunción de Júpiter-Saturno, producida en el 7 a.C. Las fechas parecen encajar, y más aún teniendo en cuenta que la aproximación de ambos planetas fue triple, es decir, que en el periodo de unos meses se produjo tres veces, todo ello en la constelación de Piscis. Por su parte, el astrónomo británico Mark Kidger, investigador del Instituto de Astrofísica de Canarias, plantea desde hace varios años otra alternativa; según él, podría tratarse de la explosión de una nova, dado que se tiene constancia de la observación de una en el año 5 a.C. en registros chinos. Según las crónicas comenzó en el mes de marzo y fue visible por espacio de 70 días en la constelación del Águila, liberando una energía que posiblemente la haría visible durante el día.

Sin embargo, y si buscamos un fenómeno que se ajuste de forma literal, tanto los textos canónigos como los apócrifos describen un comportamiento "inteligente" en la Estrella de Belén que no encaja en ninguna de las propuestas planteadas. Por ello, hemos de contemplar al menos dos posibilidades más: que ese comportamiento inteligente, guiando a los magos durante meses por el desierto o posándose sobre la gruta, sea el fruto de una fábula, un relato convenientemente maquillado y magnificado para dar mayor importancia al nacimiento de Jesús mediante un portento celeste; o que la estrella no fuera ningún fenómeno astronómico de los citados como probables, y respondiera a algún tipo de tecnología, en pocas palabras una aeronave o dispositivo capaz de guiar inteligentemente a los magos hasta Belén. Suponemos que a estas alturas el lector ya no se sorprenderá de tan atrevida hipótesis.

Sodoma y Gomorra

En el tercer capítulo de este libro pudimos comprobar como un relato aparentemente asombroso y legendario como el del Diluvio Universal, puede cobrar visos de realidad a la luz de la ciencia, sobre todo sí con la mente fría hacemos la lectura adecuada. Lo mismo nos sucede con otros episodios bíblicos, como es el caso de la fulminante destrucción de Sodoma y Gomorra. Estimamos innecesario recordar ahora la historia que se nos cuenta en el *Génesis* sobre estas ciudades, que junto a las de Adama, Seboyim y Sóar constituían las ciudades del valle Siddim, al sur del mar Muerto. Al parecer, y si se nos permite la expresión, las cosas en Sodoma y Gomorra se habían desmadrado bastante, entregándose

a la depravación más absoluta y al pecado en todas sus formas, especialmente el carnal. La situación se hizo insostenible hasta para Yavé, quien decidió que lo mejor era cortar por lo sano. Tras enviar dos ángeles para advertir a Lot de las intenciones de su Dios, ángeles de los que por cierto quisieron abusar los habitantes de Sodoma, este salió casi a regañadientes a la mañana siguiente con su mujer Sara y sus dos hijas con la advertencia de no mirar atrás, refugiándose en Sóar.
"Había salido el sol sobre la tierra cuando llegó Lot a Sóar. Entonces Yavé hizo llover sobre Sodoma y Gomorra azufre y fuego de Yavé, desde los cielos, y destruyó estas ciudades y toda la llanura, con todos los habitantes de las ciudades y las plantas del suelo. La mujer de Lot miró atrás y se convirtió en estatua de sal". (Génesis 19, 23-26)
Mucho es lo que se ha especulado acerca de la naturaleza del castigo divino sobre estas ciudades. Hace varias décadas cobró una gran popularidad la hipótesis de que dicha destrucción, así como otros episodios catastróficos como el que al parecer destruyó la ciudad de Mohenjo-Daro, en el Valle del Indo, tuvieron que ver con la presencia en la antigüedad de armas nucleares. Estas armas estarían en manos de paleoastronautas, que no serían otros que los dioses de los textos sagrados, y cuyo origen lógicamente estaba en planetas ajenos al nuestro. La proposición vino de la mano del físico y escritor ruso Immanuel Agrest, a finales de la década de los cincuenta del pasado siglo, interpretando cada uno de los detalles de la narración del *Génesis* de acuerdo con los efectos de una deflagración nuclear. El hecho de que Adama y Seboyimb también fuesen destruidas, hace pensar en la magnitud del fenómeno, que los geólogos atribuyen con más criterio a algún cataclismo volcánico, un terremoto e incluso un hundimiento a consecuencia de una gran falla. En todo caso se estima que debió ocurrir hacia el 2000 a.C. Por tanto Sodoma y Gomorra podrían descansar bajo las aguas del mar Muerto, aunque también es posible que no esté todo dicho sobre su final, si tenemos en cuenta que en los

últimos años ha venido cobrando fuerza la hipótesis de que el impacto de cometas y meteoritos de gran tamaño con la Tierra, puede haber sido la causa de los mitos y relatos que nos hablan de castigos celestiales en el pasado. De esta manera las referencias a la "caída de estrellas o soles", o a "lluvias de fuego, piedras y azufre" pueden estar describiéndonos la caída de asteroides y sus consecuentes efectos: explosiones, fuego, onda expansiva, temblores sísmicos e incluso inundaciones si caen sobre grandes extensiones de agua.

La expendedora de maná

El maná es otro misterio sin resolver de las *Sagradas Escrituras*. Fue el producto con el que Yavé alimentó a su pueblo durante el largo éxodo por el desierto en busca de la Tierra Prometida. Incluso como pudimos comprobar en el primer capítulo, un recipiente con maná viajaba dentro del Arca de la Alianza. Puede que tan sólo sea un mito, pero lo cierto es que han sido varias las hipótesis barajadas para explicar la misteriosa presencia de esc pan celestial. La más plausible es que se trate de algún tipo de secreción de árboles como los tamariscos o las *Amada salicornica*, que por efecto de las picaduras de las cochinillas segregan una sustancia blanquecina, pegajosa y de sabor dulzón, que al ser cocinada adquiere la consistencia de una pasta que puede finalmente convertirse en una especie de pan. Es factible que los insectos actuaran por la noche picando sobre los arbustos, y en la mañana fuese recogida la sustancia "enviada" desde el cielo por Yavé. Curiosamente el maná era especialmente corruptible, de tal manera que Moisés fue explícito a la hora de dar las cantidades que se podían recoger por persona y día: "El maná era semejante a la semilla del cilantro, y tenía un aspecto como el del bedelio. Se dispersaba el pueblo para recogerlo; luego lo molían en molinos o lo majaban en morteros, lo cocían en ollas y hacían con él tortas. Su sabor era como el de torta amasada con aceite". (Números 11, 7-8)

Una hipótesis alternativa y sobre todo pintoresca fue la propuesta por los ingenieros británicos George Sassoon y Rodney Dale, quienes siguiendo diversas tradiciones cabalísticas emanadas directamente del *Zohar*, el *Libro del Resplandor* de la Cábala hebrea, llegaron a la conclusión de que junto al Arca de la Alianza, los hebreos llevaron en su éxodo al *Anciano de los Días*, un dispositivo para generar Maná. Dichos autores llegaron a construir un artilugio que aseguraron se ajustaba a las metafóricas descripciones incluidas en los textos cabalísticos, y que tendría algún tipo de generador nuclear que permitiría el cultivo de alguna variedad de alga comestible. No es descabellado pensar en cultivos de algas o cualquier otra variedad vegetal como explicación al maná, incluso con algún artilugio de por medio, pero hacerlo pensando en una máquina como la que los estadounidenses lograron construir nos parece poco probable. Para ser honestos, el *Anciano de los Días* construido por Sassoon y Dale tiene el aspecto de un alocado robot de rizos dorados y sombrero exprime naranjas.

La Torre de Babel

Finalmente concluimos nuestro repaso por esta breve selección de enigmas bíblicos con el relato de la Torre de Babel, descrito en el capítulo 11 del *Génesis*. Allí se nos cuenta como los pueblos descendientes de Noé comenzaron a dominar el arte constructivo y decidieron edificar una "ciudad y una torre, cuya cúspide llegue hasta el cielo, y hagámonos un nombre famoso, para no ser dispersados por la faz de la tierra". A ese Yavé tan humano y visceral que encontramos en el *Pentateuco* no le agradó nada la empresa y temiendo que ese pueblo que hablaba la misma lengua y aunaba esfuerzos, ganara en fuerza, decidió confundir sus lenguas y empujarles a dispersarse por el mundo. Ese es el relato bíblico que explicaría la expansión de la humanidad tras el Diluvio Universal y la diversidad de lenguas que se hablan en el mundo, así como la desmedida ambición humana ligada al deseo de conquistar a sus semejantes. Todo parece indicar que la Torre de Babel era realmente un zigurat babilónico, una construcción circular de terrazas escalonadas que según algunos expertos podían superar con creces los setenta metros de altura, en lo alto de los cuales se levantaba un templo en honor del dios Marduk. Aunque la mayor parte de los historiadores contemplan el relato dentro de lo puramente simbólico, otros han querido encontrarle también una correspondencia física en diversos emplazamientos arqueológicos. El candidato con más posibilidades es la Torre Escalonada de Babilonia, cuyos restos fueron descubiertos a comienzos de siglo XX por Robert Koldewey, a orillas del río Éufrates, en Sahn, una gigantesca construcción que padeció los más virulentos avatares de manos de diversos gobernantes como el monarca persa Jerjes I, rey de Persia entre el 485 y el 465 a.C.

Un "Sputnik" en el siglo XVII

El escritor y periodista español Javier Sierra ha sido uno de los principales divulgadores en habla hispana de un misterio ligado al arte cristiano, que aunque no tiene que ver directamente con las creencias, en un buen ejemplo de la gran cantidad de enigmas que aún aguardan a ser explicados en las iglesias y templos de todo el mundo. Se trata de un cuadro religioso del siglo XVII en el que no nos resultará nada difícil identificar un satélite de comunicaciones soviético tipo *Sputnik*, o un *Vanguard* estadounidense. El cuadro se conserva en la Iglesia de San Pedro de la ciudad italiana de Montalcino, siendo obra del artista vienés Ventura Salimbeni, quien lo debió pintar allá por el año 1600. Una custodia en el centro del lienzo y nueve miembros del clero flanqueándola constituye la parte principal de la obra, que se completa con una representación de la Trinidad en la que se da la particularidad de aparecer el Dios Padre y el Dios Hijo tocando las "antenas" de una nada convencional esfera, sobre la que está situado el Espíritu Santo. Para Roberto Cappelli, descubridor de aquella "incongruencia temporal", se trata de una especie de "profecía en pintura", una visión en la que la habitual representación de un globo terráqueo junto a la Trinidad, ha sido sustituida por un boceto de un artilugio espacial que se construiría 350 años después.

El disco de La Madonna

Aunque espectacular, en el arte religioso encontramos más sorpresas. Y si no que se lo pregunten a Filippo Lippi, el pintor renacentista italiano que en el siglo XV se permitió incluir en su obra Retrato de la Virgen con el niño Jesús y San Juan nada más y nada menos que a un ovni. La personalidad heterodoxa e impulsos ajenos al recatamiento de la Iglesia que siempre le caracterizaron, quizá le movieron a incluir en la parte superior de la que se supone no sin cierta discusión que es su pintura, una singular escena, siempre en segundo plano, en la que se contempla a un hombre mirando al cielo, directamente a un punto en el que se ve un objeto discoidal del que emanan destellos amarillo-dorados. Junto a la figura del hombre, que usa su mano derecha como visera, se encuentra un perro, que miren por donde también mira hacia el extraño objeto.

¿Cómo explicar la presencia de este objeto en el cuadro? Tal vez, como han planteado algunos investigadores, ¿se trata de una "rara" representación de la estrella de Belén?, ¿o quizá de un borrón, como otros han propuesto casi a la desesperada? Para algunos ufólogos italianos que han estudiado en detalle el cuadro, que se conserva en el Palacio Vecchio de Florencia, así como la vida y obra de Lippi, el artista florentino plasmó una experiencia personal de avistamiento ovni o la de alguien muy cercano a él.

Las extrañas nubes de Panicale y Francesca

En el terreno de las extrañezas destaca también un cuadro del toscano Masolino da Panicale (1383-1447), que con el título *El Milagro de la*

Nieve representa un acontecimiento vivido por el Papa Liberio en el siglo IV. La tradición cuenta como en un soleado día de agosto el pontífice recibió una señal divina mediante la caída de una extraña nevada, que sólo abarcó una parte de Roma. El fenómeno era el desenlace de un sueño que había tenido la noche anterior, en el que los ángeles le habían indicado que debía construir una iglesia, la Basílica de Santa María la Mayor. La obra representa en dos niveles a Jesús y a María observando desde lo alto de una nube al Pontífice diseñando en el suelo y sobre la nieve el futuro templo. Entre el gentío de tierra y lo alto, se encuentran representadas numerosas nubes lenticulares, de aspecto muy similar a las que habitualmente se relacionan con la aparición de ovnis. La misma situación se da en algunas de las obras de Piero della Francesca (1420-1492), considerado el pintor más importante del Quattrocento. Algunos de sus cuadros, como El bautismo de Cristo o La Leyenda de la Vera Cruz, este último en la Iglesia de San Francisco, en Arezzo, contienen también nubes lenticulares asimilables a las formas ufológicas tras las cuales ciertos estudiosos de los ovnis creen que pueden ocultarse formas discoidales sólidas. Sin embargo, lo más probable es que como afirma Jesús Callejo, en estos cuadros no haya "más que eso, nubes lenticulares sin ninguna otra connotación oculta".

Algunos cuadros más

Especialmente interesante para el catálogo de obras con contenidos presumiblemente ufológicos son los cuadros del monasterio de Visoki Decani, el *Magnificat* de la Basílica de Beaune, el *Bautismo* de Aert de Gelder o la *Anunciación* de Crivelli.

En el primero asistimos a un fresco pintado en el siglo XIV en el convento de Visoki Decani, cerca de Kosovo, en el que se representa una crucifixión en la que a los lados de la cruz, se pueden contemplar dos extraños objetos con forma de punta de flecha, en el interior de los cuales aparecen sentados dos personajes. Ciertamente y aunque esa no sea la explicación, da la sensación de que estamos contemplando la representación de individuos metidos en cápsulas o artefactos voladores. Por su parte, el *Magnificat* conservado en la Basílica de Beaune, en Francia, nos muestra una escena de la vida de la Virgen en la que aparece un objeto negro, con forma de sombrero, que parece por completo ajeno al resto de la colorida composición.

La escena contemplada en *El Bautismo de Jesús* es más conocida. Esta obra fue pintada por el aventajado alumno de Rembrandt, el holandés Aert de Gelder (1645-1721), conservándose actualmente en el Fitzwilliam *Museum* de Cambridge. En esta obra destaca sobremanera la presencia de un gran disco luminoso que emite cuatro rayos de luz que caen directamente sobre la figura de Jesús y San Juan Bautista, mientras diversos personajes congregados alrededor observan la escena desde la oscuridad.

Finalmente, todo catálogo ufológico que rastree en el arte la presencia de supuestos ovnis debe incluir el disco luminoso presente en la obra de Carlo de Crivelli, *La Anunciación*. Pintado en 1486 por este irreverente artista y conservado en la Galería Nacional de Londres, la hermosa y colorida pintura nos presenta a un disco luminoso lanzando un rayo desde el cielo que alcanza su objetivo, la frente de la Virgen. No deja de ser curioso que el haz de luz sea mucho más ancho en su salida tocando a María casi como un fino hilo. Tanto para esta obra como para el resto de las citadas, existen hipótesis explicativas alternativas, aunque básicamente todas ellas se podrían resumir en la utilización por parte de los respectivos autores de símbolos y formas con un significado preciso en sus épocas, diferente al que hoy le queremos dar desde nuestra mentalidad tecnológica.

El enigma de Guadalupe

Continuando dentro de los enigmas relacionados con el arte, o al menos con supuestas pinturas cargadas de extrañeza, se hace imposible pasar por alto el retrato de la Virgen de Guadalupe, que desde el siglo XVI se venera en México. Esta será nuestra última parada en esta miscelánea de misterios. Ya vimos de forma resumida en el capítulo dedicado a las apariciones marianas como sucedieron los hechos. El 9 de diciembre de 1531 una niña de vestiduras luminosas, la Virgen, se apareció en México al indio Juan Diego pidiéndole que visitará al obispo franciscano Juan de Zumárraga y que éste construyera una capilla en el lugar donde hizo sus refulgentes apariciones acompañada de música celestial, el monte Tepeyac. Posteriormente hizo nuevas apariciones insistiéndole a Juan Diego a que pidiera por ella la construcción de un templo en su honor, colaborando la Virgen con un gesto milagroso que sin duda ayudó a vencer la incredulidad del obispo. Juan Diego recogió el 12 de diciembre en su tilma o manto las rosas que crecieron milagrosamente en el lugar de las apariciones, llevándolas ante Zumárraga, quien contempló atónito como al desplegar el humilde tejido de fibra vegetal para dejar caer los pétalos, apareció representada en el lienzo la imagen de la Virgen.

Mirando desde la tilma

Sin embargo tendríamos que esperar a la década de los años veinte del siglo XX para que el misterio de la *Guadalupana* volviera a resurgir con fuerza. Y de que manera. Por entonces el fotógrafo de la Basílica de Guadalupe, Alfonso Marcué, quiso descubrir en el ojo derecho de la Virgen, de apenas ocho milímetros, la figura de un hombre con barba, pero su hallazgo de 1929 quedó en silencio hasta que los investigadores mexicanos Carlos Salinas y Manuel de la Mora lo redescubrieron en 1951. Con anterioridad, en 1936, el Nobel de Química, Richard Kuhn, descubre que en la tilma no hay resto de pigmentos conocidos. A partir de ese momento son numerosos los especialistas que se interesan, especialmente oftalmólogos y expertos en fotografía, por esta peculiar *acheropita* o no hecho por mano humana, realizando gran cantidad de

estudios que les llevan entre otras cosas a descubrir la presencia del efecto conocido como *Triple imagen de Purkinje-Samson.* Juan José Benítez, que dedicó uno de sus libros a este misterio, describe así el singular hallazgo que se repite en ambos ojos:
"Este efecto óptico, como saben bien los oftalmólogos y los aficionados a la fotografía, consiste en un triple reflejo, perfectamente localizado en cualquier ojo vivo. Cuando una persona, objeto, etc., suficientemente iluminado, se encuentra cercano a los ojos de un ser humano, es reflejado por triplicado. A saber: una primera imagen en la cara anterior de la córnea. La segunda en la superficie anterior del cristalino y la tercera en la cara posterior del mismo cristalino. Y ello se debe a que las caras anteriores de las caras de la córnea y el cristalino actúan a la manera de espejos convexos, proporcionando imágenes derechas y más pequeñas de los objetos en cuestión. La cara posterior del cristalino, en cambio, trabaja como un espejo cóncavo, dando lugar a imágenes invertidas". ¿Qué es por tanto lo que comienza a sugerir este hallazgo? Pues ni más ni menos que la imagen, que según la tradición se grabó en el momento de ser abierto el tejido, estaba de alguna manera "viva", mirando a los presentes que contemplaban su aparición, dejando como prueba de ello el reflejo de la escena que estaba ante ella grabado en sus pequeños ojos. ¡Demasiado para la ciencia, sin duda!

Microarte, milagro o devoción

Pero vayamos por partes. Hasta el año 1979 sólo se hablaba de un hombre con barba en los ojos de la Virgen de Guadalupe. A partir de ese año y gracias a los análisis realizados por el experto en computadoras de la Universidad de Cornell, José Aste Tonsmann, aparecen nuevos indicios del carácter inusual de la ya de por si misteriosa imagen. Este investigador aumentó las fotografías de los ojos dando diferentes valores a tonos aparentemente planos que a simple vista poseen los ojos, de tal manera que distinguió "a un indio sentado y casi desnudo –expone Benítez– la cabeza de un anciano, otro indio con un sombrero que parece extender su tilma ante los presentes, una negra, un hombre joven junto al anciano, el ya conocido hombre de la barba que habría sido descubierto en 1929 y otras figuras que pudieran corresponder a una familia indígena". ¡Demasiado para todos!, cabe puntualizar ahora.

Pero aquí no terminan las singularidades. Por las mismas fechas dos especialistas estadounidenses en sistemas infrarrojos, Brant Smith y Philip Callahan, sometieron al lienzo a una batería de experimentos y a la toma de fotografías infrarrojas llegando a una serie de conclusiones: la inusual brillantez del manto y la túnica de la imagen dadas las características toscas del tejido sobre el que fue impreso, y la fecha en la que ocurrieron los hechos; la ausencia de pigmentos conocidos; la ausencia de direccionalidad en la imagen, especialmente en el rostro, que parece haber sido dibujado de una sola vez; la existencia de elementos añadidos como "la luna, el ángel, las cuarenta y seis estrellas que figuran en el manto, los rayos que parten del cuerpo, los arabescos de la túnica, la orla y determinadas sombras del rostro", apunta Benítez. Y por si todo ello fuera poco, para muchos el auténtico milagro está en que un tejido vegetal como éste no se haya estropeado en casi quinientos años, a pesar de haber estado expuesto durante más de cien años sin protección y no poseer ningún tipo de tratamiento o capa de barniz que contribuyera a frenar un proceso de degradación que es natural en cualquier tejido de similar composición. Pero, ¿técnicamente es posible reproducir el supuesto contenido de los ojos de la Virgen de Guadalupe? Muchos pensaran inmediatamente que no, pero la cosa no es tan simple. De entrada sabemos que en la antigüedad, hace incluso miles de años, existía cierta tecnología basada en el uso de lentes de aumento, que permitía confeccionar auténticas obras de arte en miniatura, imperceptibles a simple vista. Los ejemplos de este arte en miniatura son bastante amplios, aunque no demasiado conocidos, poniendo de manifiesto que grabar la figura de un hombre, o incluso de varios, en los ojos de la Virgen no es descabellado sí se cuentan con las herramientas necesarias. Otra cosa muy diferente es que se contara con ellos, y que el autor tuviera algún motivo para hacerlo, intuyendo tal vez que en el futuro se iban a desarrollar sistemas que permitirían su visualización. Demasiada intuición sin duda. En todo caso técnicamente se podía hacer. Sin embargo, reproducir la *Triple imagen de Purkinje-Samson* se convierte en un problema añadido, ya que este fenómeno no fue descubierto por la ciencia hasta varios siglos después de que se produjera la milagrosa aparición.

Los escépticos, todo hay que decirlo, aseguran que el enigma de Guadalupe se magnifica desde un origen puramente evangelizador, y que los expertos han querido ver cosas en los ojos de la *Guadalupana* que sólo existen en los suyos. Es bastante probable que lleven razón en parte, dado que algunas de las afirmaciones en las que incluso se llega a identificar el tipo racial de uno de los personajes, o incluso, detalles de la ropa como se ha apuntado recientemente, sea forzar demasiado la máquina. Cada año, al igual que como sucede con la Síndone de Turín, se anuncian nuevos descubrimientos mientras la Iglesia no permite el análisis directo del portentoso manto del indio Juan Diego.

Adoración de los Reyes Magos.

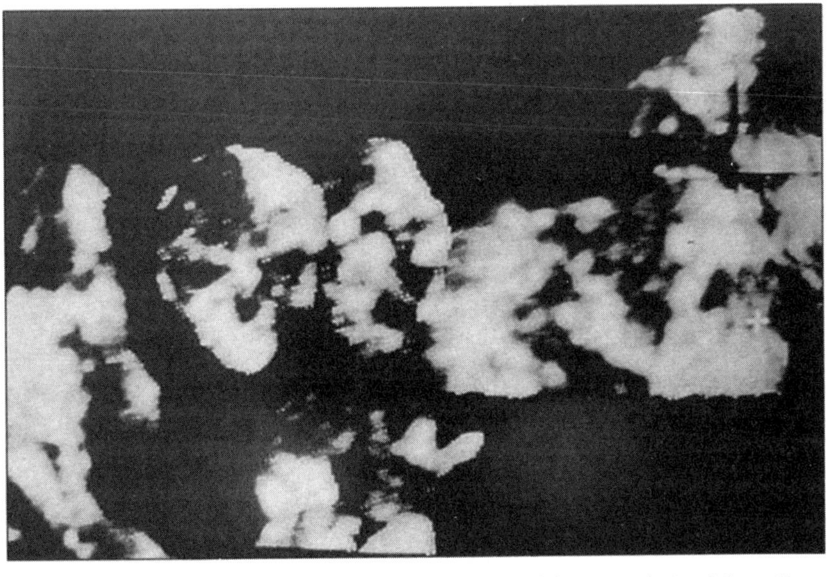

Estas siluetas aparecen en las fotografías tomadas de los ojos de la Virgen de Guadalupe. Han sido tratadas por ordenador.

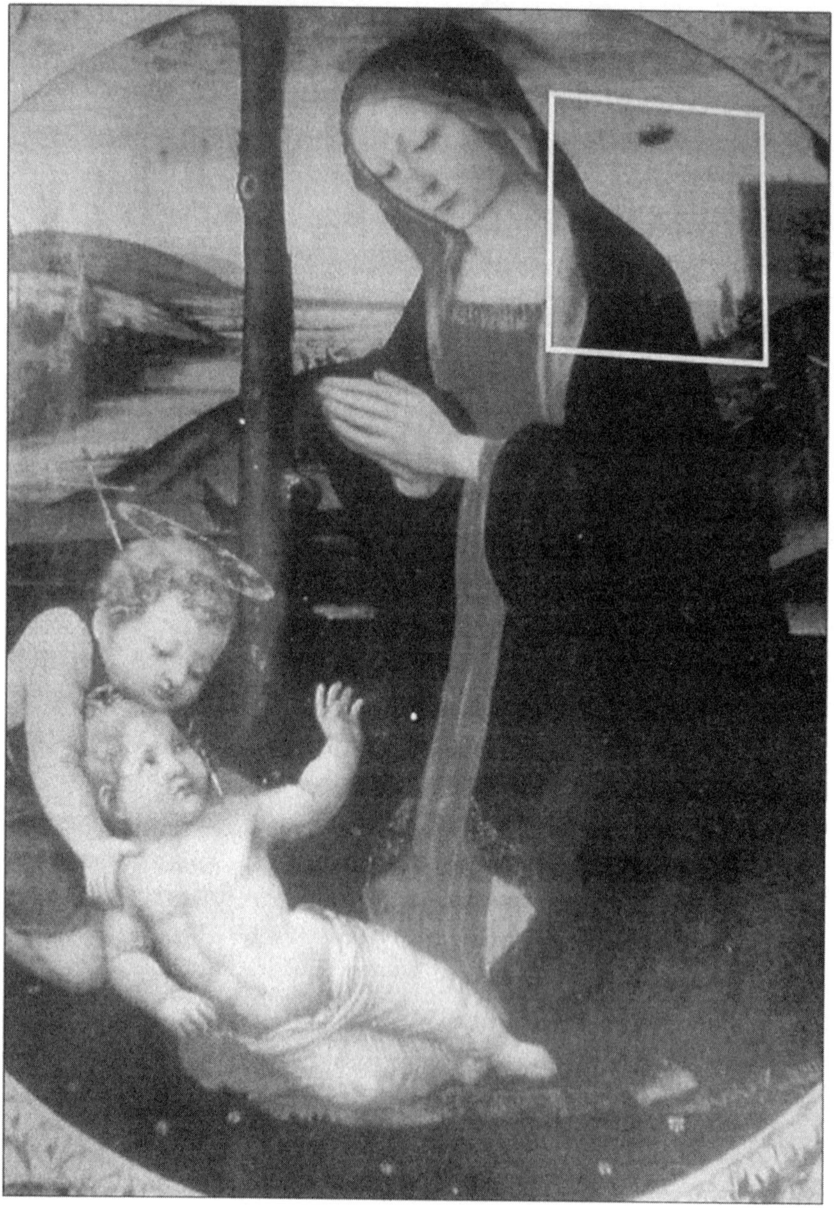

Este retrato de Filippo Lippi es ya un clásico para los ufólogos.

Detalle del "avistamiento" de Lippi.

El Bautismo de Jesús, de Aert de Gelder, con un extraño disco en lo alto.

Imagen de la Virgen de Guadalupe, cuyo misterio cautiva a numerosos científicos.

El Obispo Zumárraga ante la Guadalupana

La Torre de Babel pudo ser realmente un zigurat babilónico.

La destrucción de Sodoma y Gomorra vista por Doré.

Extraño artefacto en una obra religiosa conservada en Visoki Decani.

BIBLIOGRAFÍA

Los títulos que a continuación se detallan han sido consultados puntualmente, junto a otros reseñados en el texto, para contrastar las diferentes versiones existentes sobre muchos de los temas tratados en esta obra, en la que las aportaciones directas de diversos especialistas han sido igualmente cruciales.

• Atienza, G. Juan. *La rebelión del grial.*
Martínez Roca, 1985.

• Blaschke, Jorge.
Los grandes enigmas del cristianismo. Hermética, 2000.

• Centro Español de Sindonología. *La síndone de Turín.*
Estudios y aportaciones, 1998. CES

• Centro Español de Sindonología. *El Sudario de Oviedo.*
1998, CES

• Einsle, Hans. *El misterio bíblico.*
Martínez Roca, 1989.

• Eslava Galán, Juan. *El fraude de la sábana santa y otras reliquias cristianas.*
Planeta, 1997.

• Guirao, P. *El enigma de la sábana santa.*
Ediciones Libroexpress, 1989.

• Hancock, Graham. *Símbolo y señal.*
Planeta, 1990.

• Palacios, Isidro-Juan. *Apariciones de la Virgen.*
Temas de Hoy, 1994.

• Ravenscroft, Trevol. *El pacto satánico. Hitler, la lanza del destino y la gran conspiración ocultista.*
Robin Book, 1991.

• Rogo, Scott. *El enigma de los milagros.*
Martínez Roca, 1988.

• Monográficos de la revista Más Allá: *Fenómenos paranormales que cambiaron la historia.*
Octubre, 1996;
Grandes enigmas del Antiguo Testamento.
Enero, 1998;
Grandes enigmas del Nuevo Testamento.
Marzo, 2000;
Claves mágicas de la Guerra.
Septiembre, 2001.

• *La Biblia.*
Editorial Herder, 1976.

Los lectores interesados pueden contactar con el autor a través del siguiente correo electrónico: ***esencia21@hotmail.com***
así como seguir sus trabajos en la web: ***www.esencia21.com***

ÍNDICE DE TÉRMINOS

Otros títulos de la colección

LA PUERTA DEL MISTERIO

Colección dirigida
y prologada por
Fernando Jiménez del Oso

nowtilus
frontera

COLECCIÓN LA PUERTA DEL MISTERIO

Dirigida por ***Fernando Jiménez del Oso***

Desde NOWTILUS FRONTERA ofrecemos una colección temática única: **La Puerta del Misterio**. Realizada por un grupo de autores especializados en el periodismo de investigación de todo aquello que resulta desestabilizador, extraño o misterioso; que rezuma frescura, aventura y rigurosidad; que posee los ingredientes necesarios para que el lector sacie su curiosidad por aquellos temas que permanecen situados en los límites de la realidad, pero que no dejan de estar presentes en nuestra sociedad, y en la curiosidad de todos.

Ediciones Nowtilus presenta una colección diferente, cuyo objetivo es informar con veracidad, crear opinión y que los lectores sean los que saquen sus propias conclusiones.

De la mano del **Doctor Jiménez del Oso** recorremos los enigmas del país de los faraones, las caras desconocidas de Jesús, el uso de las plantas mágicas, el secreto de los templarios en España, los lugares de poder, las claves ocultas del cristianismo, la certeza del fenómeno ovni y los expedientes oficiales, las técnicas de captación de las sectas, y cómo defendernos de ellas. En definitiva, la obra más completa jamás realizada, escrita por autores de reconocido prestigio y solvencia.

La cara oculta de Jesús

De Egipto al sur de Francia, tras la pista de su vida secreta.

Por Mariano Fernández Urresti
ISBN: 84-9763-004-I

A través de este libro el, autor investiga y nos muestra las diferentes "vidas de Jesús". Primero con la secta de los esenios; posteriormente con los egipcios, donde adquirió las enseñanzas propias de los iniciados; y por último se presenta la posibilidad de que muriera cerca de una remota aldea de los Pirineos franceses, donde han sido hallados unos pergaminos con un contenido desestabilizador, y donde aún se custodia su tumba.

Sectas, la amenaza en la sombra

Cómo actúan, quiénes son y cómo defendernos.

Por Antonio Luis Moyano
ISBN: 84-9763-005-X

El problema de las sectas se ha convertido en los últimos años en una de las grandes lacras sociales, aún pendiente de solución. Cualquiera de nosotros, independientemente de la raza, cultura o estrato social, puede caer en las redes de estas agrupaciones que, como demuestra el autor de la obra, no cesan de crecer y expandir su poder. En un excelente trabajo de campo realizado desde dentro y fuera de ellas, aprenderemos a identificarlas, y a defendernos de ellas.

Poltergeist, una incómoda realidad

Fenómenos inexplicables en nuestro hogar.

Por Lorenzo Fernández Bueno
ISBN: 84-9763-006-8

Casas encantadas, fenómenos extraños, sucesos paranormales... parecen formar parte del mundo del celuloide pero son tan reales como la vida misma. El poltergeist no es selectivo; se manifiesta cómo y cuándo le viene en gana, desencadenando unos fenómenos que casi siempre sorprenden a la "víctima" sin preparación alguna. En esta obra, narrada de forma "diferente", se habla de los más célebres, de los clásicos, y de los más documentados, desde el rigor y la investigación puramente periodística.

El enigma de las Momias

La búsqueda desesperada de la inmortalidad.

Por David E. Sentinella Vallvé
ISBN: 84-9763-011-4

Desde que el hombre es hombre el miedo a la muerte, a ese último viaje sin retorno aparente, le ha llevado a utilizar los más variados sistemas para intentar luchar contra ella. La momificación ha sido uno de ellos, y en esta obra están todas las claves, desde las técnicas para realizarla, a las maldiciones de las momias.

Las Plantas Mágicas

Sus propiedades desconocidas, los rituales y cómo utilizarlas.

Por Mar Rey Bueno
ISBN: 84-9763-008-4

A lo largo de la historia el uso de las plantas, tanto en su vertiente ritual como curativa, ha hecho que aparezca una nueva ciencia cuyo elemento principal es el conocimiento de la botánica.
Plantas curativas, malignas, los filtros de amor, etc, son parte de un libro ampliamente documentado y repleto de sorpresas, pero por encima de todo de gran utilidad.

La Espada y la Cruz

Tras las huellas de los templarios en España.

Por Xavier Musquera
ISBN: 84-9763-009-2

Si existe una orden de caballería que ha alcanzado con el paso de los siglos la categoría de mito, ésta es sin lugar a dudas la Orden de los Caballeros Pobres del Templo de Salomón, más conocida como la Orden del Temple.
Su misteriosa aparición, sus primeros pasos, el enriquecimiento y poder que atesoraron, y sus secretos son parte de las claves que el autor desvelará en esta obra.

La “invasión” Ovni

La evidencia que los gobiernos ocultan.

Por Bruno Cardeñosa

ISBN: 84-9763-010-6

La posibilidad de que objetos volantes de origen incierto estén surcando impunemente nuestros cielos se ha convertido en certeza a raíz de las desclasificaciones de informes ovni que en los últimos años han llevado a cabo diferentes gobiernos. A pesar de las críticas, lo que queda de manifiesto es que los ovnis continúan manifestándose, siendo ocultados bajo los epígrafes de máxima confidencialidad de los estamentos militares. Esta sorprendente investigación periodística así lo pone de manifiesto.

Los secretos del Antiguo Egipto

Un recorrido diferente por el misterioso país de los faraones.

Por Juan Jesús Haro Vallejo

ISBN: 84-9763-007-6

Hablar de Egipto es hacer referencia a la cultura más impresionante y enigmática que ha pasado por la faz de la Tierra. En un tiempo remoto, en un país en el que tan sólo había desierto y muerte, apareció una cultura que cultivó las artes y las ciencias, una civilización que dió los mejores astrónomos, matemáticos, ingenieros, para llevar a cabo obras imposibles con un elemento siempre presente: el culto a sus dioses y a la magia.

Crónicas de Fenómenos Insólitos

Una aventura por el sendero de los dioses.

Por Miguel Blanco

ISBN: 84-9763-012-2

Rituales de vudú, chamanes en el Amazonas, áridos desiertos plagados de leyenda. Esta obra es un diario de viajes escrito con el polvo en las botas y el sudor aún resbalando por las mejillas. El autor se introduce en lugares anteriormente vetados a cualquier occidental para demostrar, sin margen a la duda, que lo imposible, en ocasiones, cobra forma en los cinco continentes del planeta.

Lugares de Poder

Los enclaves donde el hombre transciende.

Por Juan Ignacio Cuesta Millán

ISBN: 84-9763-013-0

Son muchos los lugares repartidos por el mundo que destacan sutilmente por encima de los demás. Son los conocidos como "lugares de poder", enclaves en los que se concentran una serie de energías que transforman al individuo, que hacen que éste trascienda. El talante viajero del autor confiere a este volumen un aspecto aventurero, pero también práctico. No en vano le ha llevado a "experimentar" en estos sitios, obteniendo resultados únicos y sorprendentes que nos narra apasionadamente.

Víctimas del Misterio

Crónica negra de los fenómenos extraños.

Por Lorenzo Fernández Bueno
ISBN: 84-9763-014-9

La crónica negra del misterio es, por desgracia, amplia y variada. Desde la investigación periodística, el autor ha reunido en este volumen la serie más destacada de casos. A pesar de la distancia y diferencia social de aquellos que fueron siniestros protagonistas de los mismos, poseen unas características comunes: un absoluto desprecio por la vida humana, e importantes dosis de misterio en sus facetas más dantescas.

La Transcomunicación, ¿Quién hay ahí?

El misterio de las psicofonías.

Por Pedro Amorós Sogorb
ISBN: 84-9763-016-5

Es sin lugar a dudas el fenómeno paranormal más inesperado, impactante y llamativo de cuantos se incluyen en el fascinante universo del misterio. Hablamos de la psicofonía, voces sin rostro que en ocasiones se manifiestan para demostrar que existen otras realidades paralelas a la nuestra. Cómo se realizan, cuáles son sus peligros o qué lugares son los propicios para efectuar la práctica, son algunos de los argumentos de este excepcional estudio.

Tras las huellas del pasado Imposible

La arqueoastronomía y el conocimiento oculto de la antigüedad.

Por Tomé Martínez

ISBN: 84-9763-017-3

A lo largo y ancho de nuestro planeta hay una serie de construcciones, yacimientos y objetos que permanecen fuera de su tiempo, construidos hace miles de años con una precisión y técnica que espanta. El conocimiento que alguien en el pasado inculcó a las civilizaciones de esas épocas surge de una manera tan precisa y rápida, que ha despertado las dudas de los arqueólogos "apócrifos", que se han atrevido a buscar las huellas de aquellos que dejaron, a su paso por nuestro mundo.

Pactos Satánicos

Blasfemia y magia negra desde tiempos remotos hasta nuestros días

Por Santiago Camacho

ISBN: 84-9763-018-1

Han sido la causa de muchas piras inquisitoriales. Los pactos satánicos se han prodigado en la clandestinidad a lo largo de la historia, llegando hasta nuestros días importantes reminiscencias de unos cultos que se niegan a desaparecer. Religión para unos, filosofía para otros, vandalismo para la mayoría, el autor de esta obra narra de forma amena la evolución del satanismo en los últimos siglos, y se ha "infiltrado" en varios colectivos satánicos para narrarnos directamente su experiencia, eso sí, desde dentro.

Psycokillers

Asesinos sin alma.

Por Juan Antonio Cebrián

ISBN: 84-9763-019-X

Asesinos en serie, psicópatas que no muestran sentimiento ni piedad a la hora de abalanzarse y descuartizar a sus víctimas, gentes sin alma... Juan Antonio Cebrián nos sorprende una vez más con una obra inédita que saca a la luz los aspectos más oscuros de la naturaleza humana.
Narra de forma impecable la personalidad execrable de los psycokillers más célebres de la historia.

En busca del Misterio

Memorias de un viaje por la senda de lo desconocido.

Por Fernando Jiménez del Oso

ISBN: 84-9763-020-3

Hablar de aventura, de viaje tras las huellas de lo insólito, es hacer referencia a Fernando Jiménez del Oso. En este libro su autor hace crónica viva de cuantos sucesos extraños investigó en un viaje de miles de kilómetros por toda Sudamérica y Centroamérica. Narrado con estilo ágil y ameno, Jiménez del Oso lanza varios guiños al lector, confía anécdotas jamás contadas y desvela qué podemos encontrar si vamos en busca del misterio.
